Про гріх, правду і суд

*«А як прийде, Він світові
виявить про гріх,
і про правду, і про суд…»*

(Євангеліє від Івана 16:8)

Цикл «Святість і сила» (Передмова 1)

Про гріх, правду і суд

Двотижневий спеціальний цикл проповідей відродження - 1

Доктор Джерок Лі

Про гріх, правду і суд Автор: доктор Джерок Лі
Надруковано видавництвом «Урім букс»
(Представник: Johnny. H. Kim)
73, Єоюідебан-ро 22-гіл, Донджак-гу, Сеул, Корея
www.urimbooks.com

Всі права захищені. Цю книжку або будь-які уривки з неї забороняється відтворювати у будь-якій формі, зберігати у системі комп'ютера, передавати у будь-якій формі та будь-яким способом: електронним, механічним, робити фотокопії, записувати або користуватися для цього іншим способом без попереднього письмового дозволу видавця.

Якщо не записано інше, всі цитати з Біблії взяті з Біблії перекладу Івана Огієнка.

Авторське право © 2016 доктор Джерок Лі
ISBN: 979-11-263-1175-0 03230
Авторське право перекладу © 2013 доктор Естер К. Чан. Використовується за дозволом.

Вперше опубліковано у грудні 2023

Раніше видано корейською видавництвом «Урім букс» у 2011 році, Сеул, Корея

Редактор: доктор Геумсун Він
Підготовано до друку дизайнерською групою видавництва «Урім букс»
Для отримання більш детальної інформації звертайтесь за адресою:
urimbook@hotmail.com

Від автора

Я молюся про те, щоб читачі стали праведними людьми, які отримують велику любов Бога і Його благословення...

У юнацтві великий реформіст Мартін Лютер пережив травматичну подію. Одного дня вони з товаришем стояли під деревом під час дощу, і у дерево вдарила блискавка. Товариш загинув. Після цього випадку Лютер став монахом. Він переживав страх перед Богом, Який осуджує і обвинувачує за гріх. Незважаючи на те, що він проводив багато часу у сповіданнях, він не міг знайти вирішення проблеми гріха. Скільки б він не вивчав Біблію, він не міг знайти відповідь на запитання: «Як може неправедна людина догодити праведному Богу?»

Тоді одного дня, читаючи Послання Павла, він нарешті знайшов мир, який він так наполегливо шукав. У Посланні до римлян 1:17 написано: «Правда бо Божа з'являється в ній з віри в віру, як написано: А праведний житиме вірою».

Лютер дізнався про «Божу правду». Хоча досі він знав лише про правду Бога, Який судить всіх людей, тепер він зрозумів правду Бога, Який щедро дає прощення за гріх всім людям, які вірять в Ісуса Христа, і навіть називає їх «праведними». Зрозумівши це, Лютер жив з невмирущим пристрасним захопленням правдою.

Таким чином, Бог не лише вільно визнає «праведними» тих людей, які вірять в Ісуса Христа, але також дає їм у дар Святого Духа, щоб вони дізналися про гріх, правду і суд, щоб вони могли добровільно коритися Богові і виконувати Його волю. Тому ми не повинні зупинятися на тому, щоб просто прийняти Ісуса Христа і назватися праведними. Дуже важливо стати дійсно праведною людиною, позбувшись гріха і зла за допомогою Святого Духа.

За останні 12 років Бог дозволив, щоб наша церква щороку проводила двотижневі особливі відновлення, щоб всі члени церкви могли отримати благословення стати праведною людиною завдяки вірі. Він привів нас до моменту, коли ми можемо отримувати відповіді на всі молитви, звернені до Нього. Він також дозволив нам зрозуміти різні виміри духу, доброчестя, світла і любові, щоб ми могли отримувати силу Бога у своєму житті. І з кожним роком, коли ми ступали широкими кроками до святості і сили, Бог благословив багато людей різних народів відчути силу Бога, записану в Біблії, що переходить межі часу і простору.

Ми опублікували серію проповідей відродження «Святість і сила», яка містить у собі послання глибокого плану Бога, щоб читачі могли систематично вивчати їх. Послання відродження за перші три роки – це «Вступ». Вони розповідають про шлях істинної праведності, завдяки знищенню стіни гріха між нами і Богом. Послання наступних чотирьох років розповідають про шлях до святості і сили, -- це «Основне послання». І, нарешті, послання останніх п'яти років розповідають про те, як відчути силу Бога, застосовуючи на практиці Слово. Ця частина книги -- «Застосування».

У наш час є багато людей, які живуть, навіть не знаючи, що таке гріх, правда і суд. Навіть ті люди, які ходять у церкву, не мають впевненості у спасінні, вони живуть мирським життям, як всі у цьому світі. Крім того, вони не живуть християнським життям, яке є праведним в очах Бога, але є праведним за їхнім власним розумінням праведності. Отже, книжка «Про гріх, правду і суд» --

це перша книжка серії проповідей «Святість і сила», в якій говориться про те, як ми можемо мати успішне християнське життя, отримавши прощення своїх гріхів і досягаючи правди Божої у своєму житті.

Щоб підтвердити це вчення доказом Його сили під час першої сесії у перший день нашого виїзного семінару у 1993 році, Бог пообіцяв благословення зачаття кільком десяткам пар, які були одружені протягом 5-6 років і навіть 10 років, не маючи змоги зачати дитину. Під кінець відродження майже всі ці пари зачали і їхні сім'ї почали збільшуватись.

Хочу подякувати Геумсун Він, директору редакційного бюро, а також його робітникам, за їхню наполегливу працю, що зробило можливим опублікувати цю книжку. В ім'я нашого Господа я молюся про те, щоб якомога більше людей, які прочитають цю книжку, змогли вирішити свою проблему гріха, а саме, отримати відповіді на всі свої молитви!

Березень 2009
Джерок Лі

Передмова

Ця книжка, яка називається «Про гріх, правду і суд», складається з п'яти розділів, кожен з яких розкриває свою тему: гріх, правду і суд. У цій книжці детально розповідається про те, як людина може знайти рішення проблеми гріха, як вона може мати життя благословення, ставши праведною людиною, а також як вона може уникнути суду у майбутньому і замість цього мати вічні благословення.

Перший розділ про гріх називається «Спасіння». В ньому розповідається про те, чому людина повинна отримати спасіння, а також про дійсний спосіб його отримання. Наступний розділ «Отець, Син і Святий Дух» розповідає читачу, як правильно зрозуміти, як Божа сила і влада, ім'я Ісуса Христа і керівництво Святого Духа діють разом як Триєдиний Бог, так що кожен може отримати чітке вирішення проблеми гріха і прямувати правильним шляхом до спасіння.

Розділ під назвою «Справи тіла» аналізує і пояснює питання стіни гріха, що стоїть між людиною і Богом. Наступний розділ, який називається «Отож, учиніть гідний плід покаяння» пояснює важливість принесення плоду у покаянні, щоб досягти повного спасіння через Ісуса Христа.

Останній розділ про гріх, який називається «Ненавидьте зло та туліться до доброго» спонукає читача позбутися зла, яке огидне для Бога, і чинити добро відповідно до Слова істини.

Далі, у першому розділі, який розповідає про правду, «Праведність, що веде до життя», розповідається про те, як ми, люди, отримуємо вічне життя завдяки вчинку правди Ісуса Христа. У розділі, який називається

«Праведний житиме вірою», розповідається про важливість розуміти, що спасіння можна отримати лише через віру; а отже це є причиною мати істинну віру.

Розділ 8, «На послух Христові», розповідає про те, що людина повинна знищити тілесні думки та принципи і просто коритися Христу, щоб мати істинну віру і мати успішне життя, сповнене благословень і відповідей на молитви. Розділ 9, «Той, кого хвалить Господь» детально розповідає про життя кількох патріархів віри, навчаючи читача стати особою, яку хвалить Бог. Останній розділ, в якому розповідається про правду, називається «Благословення». В ньому викладені спостереження за життям і вірою Авраама, отця віри і зерна благословень, а також описані практичні способи, коли віруюча людина може мати життя, повне благословень.

У першому розділі про суд, який називається «Гріх непокори Богу» розглядаються наслідки гріха людини, коли вона протистоїть Богові. У наступному розділі «Зітру Я людину з поверхні землі» розповідається про Божий суд, який приходить, коли гріховність людини доходить межі.

У розділі «Не йдіть проти Його волі» розповідається про те, що Божий суд настає, коли людина протистоїть волі Бога, що люди повинні зрозуміти, що коритися Божій волі і стати покірним Богові – це велике благословення. У розділі «Так промовляє ГОСПОДЬ Саваот», автор детально розповідає про те, як ми можемо отримати зцілення і відповіді на молитви. Він також розповідає про важливість стати праведною людиною, яка боїться Бога.

І в останньому розділі «Про гріх, правду і суд» розкривається шлях для вирішення проблеми гріха; як стати праведною людиною; як зустріти живого Бога; як уникнути останнього суду у майбутньому і як отримати життя вічних благословень.

У цій книжці розповідається про конкретні способи, завдяки яким люди, які прийняли Ісуса Христа, і отримали Святого Духа, можуть отримати спасіння і вічне життя, відповіді на молитви і благословення. В ім'я Господа нашого я молюся про те, щоб завдяки цій книжці велика кількість людей стали праведними чоловіками і жінками, які догоджають Богові!

Березень, 2009
Геумсун Він
Директор редакційного бюро

Зміст

Від автора
Передмова

Частина 1 Про гріх...

Розділ 1 Спасіння · 3

Бог-Творець і людина
Стіна гріха між людиною і Богом
Істинне значення спасіння
Порядок спасіння
План спасіння через Ісуса Христа

Розділ 2 Отець, Син і Святий Дух · 13

Хто такий Бог-Отець?
Бог-Отець – верховний управитель зрощення людства
Хто такий Син, Ісус Христос?
Ісус Христос -- Спаситель
Хто такий Святий Дух-Помічник?
Робота Святого Духа-Помічника
Триєдиний Бог виконує план спасіння

Розділ 3 Вчинки тіла · 27

Тілесне і вчинки тіла
Вчинки тіла, які заважають людині успадкувати Боже Царство
Явні вчинки тіла

Розділ 4 «Отож, учиніть гідний
плід покаяння» · 47

Роде зміїний
Учиніть гідний плід покаяння
Не думайте, що маєте отця Авраама
«Кожне дерево, що доброго плоду не родить, буде зрубане та й в огонь буде вкинене»
Гідний плід покаяння
Люди, які вчинили гідні плоди покаяння

Розділ 5 «Ненавидьте зло та
туліться до доброго» · 63

Як зло проявляється у вигляді гріха
Позбутися зла і стати людиною праведності
Рід лукавий і перелюбний шукає ознаки
Форми зла, які ми повинні ненавидіти

Словник 1

Частина 2 Про правду...

Розділ 6 **Праведність, що веде до життя** · 83

Праведність в очах Бога
Один вчинок праведності, який спасає всіх людей
Початок праведності – віра в Бога
Праведність Ісуса Христа, за яку ми повинні змагатися
Як стати праведною людиною
Благословення для праведних

Розділ 7 **Праведний житиме вірою** · 97

Стати дійсно праведною людиною
Чому ми повинні стати праведними?
Праведний житиме вірою
Як отримати духовну віру
Як жити вірою

Розділ 8 На послух Христові · 109

Тілесні думки ворожі для Бога
«Самовдоволення» -- одна з головних тілесних думок
Апостол Павло знищив свої тілесні думки
Праведність, яка походить від Бога
Саул зневажив Бога тілесними думками
Як виконати Божу правду завдяки вірі

Розділ 9 Той, кого хвалить Господь · 123

Той, кого хвалить Господь
Отримати похвалу від Бога
Прибийте на хрест свої пожадливості і похоті
Патріархи, які були праведними перед Богом

Розділ 10 Благословення · 137

Авраам – батько віри
Бог вважає віру праведністю і дає благословення
Бог виготовляє якісні посудини завдяки випробуванням
Бог готує вихід навіть у часи випробувань
Бог благословляє навіть під час випробувань
Якою була посудина Авраама

Словник 2, 3

Частина 3 Про суд...

Розділ 11 Гріх непокори Богу · 155

Адам – чоловік, створений за образом Бога
Адам їв заборонений плід
Результат гріха непокори Адама Богові
Чому Бог посадив дерево знання добра і зла
Як звільнитися від прокляття, спричиненого гріхом
Результат гріха непокори Саула Богові
Результат гріха непокори Каїна Богові

Розділ 12 «Зітру Я людину з поверхні землі» · 167

Різниця між поганою і доброю людиною
Чому настане Божий суд?
* Тому що гріх людей був великий
* Тому що думка серця – це зло
* Тому що всі наміри серця – це завжди зло
Уникнути Божого суду

Розділ 13 Не йдіть проти Його волі · 179

Суд настає, коли ми діємо проти Божої волі
Люди, які пішли проти Божої волі

Розділ 14 «Так промовляє ГОСПОДЬ Саваот...» · 193

Бог не визнає гордих
Гордість царя Єзекії
Гордість віруючих
Гордість фальшивих пророків
Суд над людьми, які поводяться гордовито і погано
Благословення праведних, які бояться Бога

Розділ 15 Про гріх, правду і суд · 203

Про гріх
Чому Він судить відносно гріха
Про правду
Чому Він судить відносно правди
Про суд
Святий Дух засуджує цей світ
Позбудьтесь гріха і живіть праведним життям

Словник 4

Про гріх

«…тож про гріх, що не вірують у Мене»

(Євангеліє від Івана 16:9)

«Отож, коли ти добре робитимеш, то підіймеш обличчя своє, а коли недобре, то в дверях гріх підстерігає. І до тебе його пожадання, а ти мусиш над ним панувати». (Книга Буття 4:7)

«Тільки пізнай же провину свою, бо ти проти ГОСПОДА, Бога свого повстала, і грішила з чужими під деревом кожним зеленим, і Мого голосу ви не почули, говорить ГОСПОДЬ». (Книга пророка Єремії 3:13)

*«Поправді кажу вам, що простяться людським синам усі прогріхи та богозневаги, хоч би як вони богозневажали.
Але, хто богозневажить Духа Святого, повіки йому не відпуститься, але гріху вічному він підпадає». (Євангеліє від Матвія 3:28-29)*

«Але щоб ви знали, що Син Людський має владу на землі прощати гріхи, тож каже Він розслабленому: Кажу Я тобі: Уставай, візьми ложе своє, та й іди у свій дім!» (Євангеліє від Луки 5:24)

«Після того Ісус стрів у храмі його, та й промовив до нього: Ось видужав ти. Не гріши ж уже більше, щоб не сталось тобі чого гіршого!» (Євангеліє від Івана 5:14)

«Хіба ви не знаєте, що кому віддаєте себе за рабів на послух, то ви й раби того, кого слухаєтесь, або гріха на смерть, або послуху на праведність?» (Послання до римлян 6:16)

«Діточки мої, це пишу я до вас, щоб ви не грішили! А коли хто згрішить, то маємо Заступника перед Отцем, Ісуса Христа, Праведного. Він ублагання за наші гріхи, і не тільки за наші, але й за гріхи всього світу». (1 Послання Івана 2:1-2)

Розділ 1

Спасіння

«І нема ні в кім іншім спасіння.
Бо під небом нема іншого Ймення,
даного людям, що ним би
спастися ми мали.»
(Acts 4:12)

У нашому світі, в залежності від релігії і культури, люди поклоняються різним ідолам. Існує навіть ідол, який називається «незнаний бог» (Книга Дії 17:23). У наш час релігія, яка називається «Виникаючою релігією», релігія, створена на основі суміші доктрин багатьох релігій, привертає багато уваги, і багато людей прийняли «релігійний плюралізм», який засновується на точці зору, що спасіння існує в усіх релігіях. Однак, в Біблія нам говориться про те, що Бог-Творець – єдиний істинний Бог, і що Ісус Христос – один і єдиний Спаситель (Книга Повторення Закону 4:39; Євангеліє від Івана 14:6; Книга Дії 4:12).

Бог-Творець і людина

Бог напевно існує. Так само, як ми існуємо, тому що наші батьки нас народили, людство існує у цьому світі, тому що Бог створив нас.

Якщо подивитися на наручний годинник, ми побачимо, що крихітні деталі працюють як єдине ціле, щоб показувати час. Але жодна людина, подивившись на годинник, не подумає, що ці деталі склалися разом випадково. Навіть маленький годинник може існувати у цьому світі, тому що хтось задумав його і виготовив. Тоді що говорити про всесвіт? Незрівнянно до маленького наручного годинника, всесвіт такий складний і такий безкраїй, що розум людини не може уявити всі його таємниці, або навіть збагнути його розмір. Той факт, що сонячна система, яка є лише однією маленькою частинкою всесвіту, працює точно без жодної помилки, не залишає нам жодного шансу не вірити у Боже творіння.

Те саме стосується тіла людини. Всі органи, клітини та інші елементи впорядковані настільки бездоганно і працюють разом у складній системі, що їхнє впорядкування і функціонування є справжнім дивом. Однак, беручи до уваги все, що людина дізналася про людське тіло, -- це лише частка того, чого ми ще не знаємо. Отже, чи можемо ми сказати, що анатомія людини з'явилася просто випадково?

Дозвольте дати просту ілюстрацію, яку кожен може легко визнати. На обличчі людини є два ока, один ніс із двома ніздрями, один рот і два вуха. Порядок такий, що очі знаходяться у верхній частині обличчя, ніс посередині, рот під носом, а вуха по обидві сторони обличчя. Такий порядок залишається незмінним, незалежно від кольору шкіри людини, а також місця її проживання: Африка, Кавказ або Азія. Те саме стосується не лише людей, але й тварин: левів, тигрів, слонів, собак та інших, птахів: орлів і голубів, а також риб.

Якби теорія еволюції Дарвіна була вірною, тварини, птахи і люди повинні були б розвиватися по-різному, кожен у своєму напрямку в залежності від середовища. Але чому зовнішній вигляд і розташування органів на обличчі подібні? Це переборний доказ того, що один і єдиний Бог-Творець задумав і створив всіх нас. Той факт, що всі ми створені за одним образом, являє нам, що Творець – це не кілька істот, але одна істота.

Спочатку я був атеїстом. Я чув, як люди говорили, що якщо ви ходите до церкви, ви можете отримати спасіння. Однак я навіть не знав, що таке спасіння, або як його отримати. Тоді одного дня мій шлунок перестав нормально працювати через надмірну кількість випитого алкоголю, і зрештою наступні сім років я був прикутий хворобою до ліжка. Щоночі моя мати наливала у миску воду, дивилася на Велику Ведмедицю і, склавши руки у молитві, просила про моє зцілення. Вона навіть віддавала великі суми грошей у буддійський храм, але мій стан лише погіршувався. Мене не врятувала Велика Ведмедиця або Будда. Мене врятував Бог. У мить, коли моя мати почула, що я зцілився після того, як пішов до церкви, вона викинула всіх своїх ідолів і також пішла до церкви. Вона зрозуміла, що лише Бог був єдиним істинним Богом.

Стіна гріха між людиною і Богом

Незважаючи на той факт, що існують такі чіткі докази існування Бога-Творця, який створив небо і землю, чому люди не вірять у Нього і не хочуть з Ним познайомитися? Тому що існує стіна гріха, яка перешкоджає стосункам між людиною і Богом. Оскільки Бог-Творець праведний і не має жодного гріха, якщо ми маємо гріх, ми не можемо спілкуватися з Ним.

Деякі люди думають: «У мене немає гріха». Так само, як ми не можемо побачити пляму на сорочці, коли знаходимося у темній кімнаті, якщо ми перебуваємо посеред темряви неправди, ми не бачимо своїх гріхів. Отже, якщо ми говоримо, що віримо в Бога, однак наші духовні очі досі закриті, тоді ми не можемо виявити свої гріхи. Ми просто марно ходимо до церкви знову і знову. Результат? Ми ходимо у церкву протягом 10 і навіть 20 років, не пізнавши Бога, не отримуючи відповіді на жодну зі своїх молитов.

Бог любові бажає познайомитися з нами, розмовляти з нами і відповідати на наші молитви. Саме тому Бог щиро просить кожного з нас: «Будь ласка, зруйнуйте стіну гріха між собою і Мною, щоб ми могли вільно розмовляти у любові. Будь ласка, створіть шлях для Мене, щоб Я міг забрати біль і страждання, які охоплюють вас тепер».

Скажімо, маленька дитина намагається втягнути нитку у вушко голки. Це важке завдання для малої дитини. Але це відносно легке завдання для її батька. Але незалежно від того, наскільки сильно батько бажає допомогти дитині, якщо між ними стоїть величезна стіна, батько не зможе допомогти. Більше того, якщо між нами і Богом стоїть величезна стіна, ми не можемо отримати жодної відповіді на свої молитви. Тому передусім ми повинні вирішити цю проблему з гріхом, а потім отримати найважливіше рішення найголовнішого питання -- спасіння.

Істинне значення спасіння

У нашому суспільстві слово «спасіння» використовується по-різному. Коли ми рятуємо людину, що тоне, або допомагаємо комусь відновитися після невдачі у бізнесі, або допомагаємо комусь у сімейній кризі, ми інколи говоримо, що ми «спасли» тих людей.

А що в Біблії називається «спастись»? Відповідно до Біблії, це сплата боргів за гріх. Тобто, це повернення їх у межі місця, де бажає бачити їх Бог, де вони можуть отримати рішення проблеми гріха і мати вічну радість на небесах. Отже, говорячи простими духовними словами, вхід до спасіння – це Ісус Христос, а оселя спасіння – це небеса, або Боже Царство.

В Євангелії від Івана 14:6 Ісус сказав: «Я дорога, і правда, і життя. До Отця не приходить ніхто, якщо не через Мене». Отже, спасіння означає потрапити на небеса через Ісуса Христа.

Багато людей євангелізують і надають особливого значення важливості отримання спасіння. Тож для чого нам необхідно спасіння? Тому що наш дух безсмертний. Коли люди помирають, їхня душа і дух відділяються від тіла, люди, які отримали спасіння, потрапляють на небеса, а люди, які не отримали спасіння, потрапляють у пекло. Небеса – це Боже Царство, де вічна радість, а пекло – це місце вічного болю і страждання, де є озеро вогню і сірки (Книга Об'явлення 21:8).

Оскільки небеса і пекло – це місця, які дійсно існують, є люди, які бачили небеса і пекло у видіннях, а також є багато людей, чий дух насправді побував у тих місцях. Якщо хтось думає, що всі ці люди говорять неправду, вони просто вперті. Оскільки в Біблії чітко описані небеса і пекло, ми маємо у це повірити. Біблія, на відміну від інших книжок, містить в собі послання спасіння – слова Бога-Творця.

В Біблії написано про створення людства, а також про те, як Бог діяв. Тут чітко розповідається про те, як людина вчинила гріх, зіпсувалася і підлягала вічній смерті, а також про те, як Бог спас її. Тут розповідається про події минулого, про теперішнє і майбутнє, а також про майбутній суд Бога наприкінці віків.

Так, важливо, щоб ми жили спокійно, не маючи проблем у цьому світі. Однак, у порівнянні з небесами, життя, яке ми маємо на цій землі, дуже коротке і тимчасове. Десять років здаються нам довгим терміном, але, якщо озирнутися, здається, що все було ніби вчора. Так само можна сказати про решту нашого часу тут на землі. Незважаючи на те, що людина може жити, важко працювати і заробити багато речей, всі люди помруть, коли завершиться їхнє життя на цій землі. Тож, яка з цього користь?

Незалежно від того, скільки ми маємо або здобуваємо, ми не зможемо це взяти з собою у вічний світ. І навіть якщо ми здобуваємо славу і владу. Після смерті все це кінець кінцем зникне і забудеться.

Порядок спасіння

У Книзі Дії 4:12 написано: «І нема ні в кім іншім спасіння. Бо під небом нема іншого Ймення, даного людям, що ним би спастися ми мали». Біблія говорить нам про те, що Ісус Христос – єдиний Спаситель, Який може спасти нас. Отже, чому спасіння можливе лише в ім'я Ісуса Христа? Тому що має бути вирішена проблема гріха. Щоб краще це зрозуміти, давайте повернемося до часів Адама і Єви, до коренів людства.

Створивши Адама і Єву, Бог дав Адаму владу і славу управляти всім, що було створене на землі. Довгий час люди жили у достатку в еденському раї до того дня, коли вони не піддалися інтризі змія і їли з дерева знання добра і зла. Після того, як люди не послухались Бога і їли плід, який Бог заборонив їсти, в них увійшов гріх (Книга Буття 3:1-6).

У Посланні до римлян 5:12 написано: «Тому то, як через одного чоловіка ввійшов до світу гріх, а гріхом смерть, так прийшла й смерть у всіх людей через те, що всі згрішили». Через Адама гріх увійшов у цей світ і всі люди стали грішниками. Тому в результаті смерть прийшла до всіх.

Бог не просто спас людство від гріха без жодних умов. У

Посланні до римлян 5:18-19 написано: «Ось тому, як через переступ одного на всіх людей прийшов осуд, так і через праведність Одного прийшло виправдання для життя на всіх людей. Бо як через непослух одного чоловіка багато-хто стали грішними, так і через послух Одного багато-хто стануть праведними».

Це означає, що так само, як всі люди стали грішниками через гріх одного чоловіка, Адама, завдяки покорі одного чоловіка всі люди спасуться. Бог – пан всього створіння, але Він дозволяє всьому відбуватися у належному порядку (1 Послання до коринтян 14:40); тому Він підготував чоловіка, який мав всі права бути Спасителем. Це був Ісус Христос.

План спасіння через Ісуса Христа

Серед духовних законів існує закон, який говорить: «заплата за гріх смерть» (Послання до римлян 6:23). З іншої сторони існує також закон про звільнення людини від цього гріха. Безпосередньо стосується цього духовного закону закон викупу землі в Ізраїлі. Цей закон дозволяє людині продавати землю, але не надовго. Якщо людина продала свою землю через фінансові труднощі, будь-коли інша особа з кола заможних родичів може завжди викупити цю землю і повернути тій особі. А якщо людина не має багатих родичів, які могли б це зробити для неї, вона сама завжди може викупити свою землю, коли вона знову стане багатою (Книга Левит 25:23-25).

Викуплення від гріха діє так само. Якщо хтось має право викупити свого брата від гріха, він може це зробити. Але хто б це не був, хтось має заплатити ціну гріха.

Але як написано у 1 Посланні до коринтян 15:21: «Смерть бо через людину, і через Людину воскресення мертвих», спасти нас від гріха повинна людина. Тому Ісус прийшов у цей світ у тілі, в образі чоловіка, який став грішником.

Людина, яка сама має борг, не може заплатити борг іншої людини. Так само, людина, яка має гріх, не може звільнити людство від гріха. Людина успадковує не лише фізичні риси і риси особливості своїх батьків, але також їхню гріховну природу. Можна поспостерігати за діями маленької дитини, яка сидить на колінах своєї мами. Вона буде відштовхувати іншу дитину, яка також захоче посидіти на колінах її мами. Хоча дитину ніхто не вчив так робити, її переповнюють заздрість і ревнощі. Деякі малюки, коли хочуть їсти, але їх одразу не накормили у ту ж мить, починають нестримно кричати. Це відбувається через гріховну природу гніва, яку вони успадкували від своїх батьків. Такі види гріховної природи, які люди успадковують від своїх батьків у житті, називають «первинним гріхом». Всі нащадки Адама народжуються з цим первинним гріхом, отже жоден з них не може визволити іншу людину від гріха.

Однак, Ісус народився після того, як був зачатий Святим Духом, отже, Він не успадковував первинний гріх від будь-кого з батьків. І коли Він зростав, Він був покірний закону, отже, не вчинив жодного гріха. У духовному царстві не мати гріха таким чином – це сила.

Ісус був покараний через розп'яття, прийнявши це з радістю, тому що мав таку любов, що не пошкодував навіть Власного життя, щоб визволити людство від гріха. Щоб визволити людство від прокляття Закону, Він прийняв смерть на дерев'яному хресті (Послання до галатів 3:13) і пролив Свою дорогоцінну кров, яка була незаплямована первинним гріхом або вчиненими гріхами. Він заплатив за всі гріхи всього людства.

Щоб спасти грішників, Бог не лише не пожалів життя Свого єдиного Сина, Який загинув на хресті. Він обсипав нас Своєю величною любов'ю. Ісус довів Свою любов до нас, віддавши Своє життя, щоб стати мирною жертвою між нами і Богом. Крім Ісуса ніхто інший не має такої любові або сили звільнити нас від гріха. Ось чому ми можемо отримати спасіння лише через Ісуса Христа.

Розділ 2

Отець, Син і Святий Дух

«Утішитель же, Дух Святий, що Його Отець пошле в Ім'я Моє, Той навчить вас усього, і пригадає вам усе, що Я вам говорив».
(Євангеліє від Івана 14:26)

У Книзі Буття 1:26 написано: «І сказав Бог: Створімо людину за образом Нашим...» Тут «Ми» означає Триєдиного Бога: Отця, Сина і Святого Духа. Хоча роль Отця, Сина і Святого Духа у створенні людини і виконанні плану спасіння є різною, оскільки Троє є одним цілим від початку, Вони називаються Богом-Трійцею або Триєдиним Богом.

Це дуже важлива доктрина християнської віри. І оскільки це є таємним посланням про походженням Бога-Творця, нам важко у повній мірі збагнути цю ідею, покладаючись на людську логіку і знання. Однак, щоб вирішити проблему гріха і отримати повне спасіння, нам необхідно мати правильні знання про Трійцю: Бога-Отця, Бога-Сина і Бога-Святого Духа. Лише маючи це розуміння, ми можемо у повній мірі насолоджуватися благословенням і правом бути Божими дітьми.

Хто такий Бог-Отець?

Перш за все Бог – Творець всесвіту. У 1 главі Книги Буття розповідається про те, як Бог створив світ. Абсолютно з нічого Бог створив небо і землю за шість днів за допомогою Свого Слова. Потім, на шостий день Бог створив Адама, батька всього людства. Спостерігаючи за порядком і гармонією, яка є в усьому творінні, ми розуміємо, що Бог живий, і що Бог-Творець один.

Бог всезнаючий. Бог бездоганний. Він знає все. Тому Він дозволяє нам дізнатися про події майбутнього через пророцтва від тих людей, які мають близькі стосунки з Ним (Книга пророка Амоса 3:7). Бог також всезнаючий і може зробити будь-що. Тому в Біблії написано про незчисленні ознаки і дива, які неможливо здійснити за допомогою сили людини і користуючись лише її можливостями.

Також Бог існує самостійно. У 3 главі Книги Вихід ми читаємо про те, як Бог явився Мойсею. З огняного куща Бог покликав Мойсея стати лідером Виходу з Єгипту. Він сказав Мойсею: «Я ТОЙ, ЩО Є». Він пояснював одну зі Своїх рис, самоіснування. Це означає, що ніхто не створив і не народив

Бога. Він існував Сам ще до початку.

Бог є також автором Біблії. Але оскільки Бог-Творець набагато більшим людини, важко у повній мірі пояснити Його існування з точки зору людини. Тому що Бог – це безмежне буття; отже, маючи обмежену прозорливість, людина не може повністю знати все про Бога.

В Біблії ми можемо прочитати про те, що Бог-Отець називається по-різному, в залежності від ситуації. У Книзі Вихід 6:3 написано: «І являвся Я Авраамові, Ісакові та Яковові Богом Всемогутнім, але Йменням Своїм ГОСПОДЬ Я не дався їм пізнати». У Книзі Вихід 15:3 написано: «ГОСПОДЬ Муж війни, Єгова Йому Ймення!» Ім'я «Господь» означає не лише «Той, хто існує сам», але також означає одного і єдиного істинного Бога, Який управляє всіма народами у цьому світі і всім, що є на землі.

Слово «Бог» використовується у сенсі, що Він перебуває з кожним народом, у кожній країні, з кожною людиною. Тому це ім'я використовується для того, щоб показати людську природу Бога. Тоді як ім'я «ГОСПОДЬ» має ширше значення, більш публічне ім'я для Божества, «Бог» -- це прояв людської природи Бога, який має близькі духовні стосунки з кожною людиною. Таким прикладом є «Бог Авраама, Бог Ісака і Бог Якова».

Тож чому ми називаємо цього Бога «Богом-Отцем»? Тому що Бог – це не лише управитель всього всесвіту і основний Суддя. Найголовніше те, що Він верховний управитель планування і виконання зрощення людства. Якщо ми віримо у цього Бога, ми можемо називати Його «Отче» і відчувати дивовижну силу і благословення бути Його дітьми.

Бог-Отець – верховний управитель зрощення людства

Бог-Творець почав зрощення людства для того, щоб отримати справжніх дітей, з якими Він міг мати істинні, люблячі стосунки. Але оскільки кожне творіння має свій початок і свій кінець, земне життя людини також має свій початок і свій кінець.

У Книзі Об'явлення 20:11-15 написано: «І я бачив престола великого білого, і Того, Хто на ньому сидів, що від лиця Його втекла земля й небо, і місця для них не знайшлося. І бачив я мертвих малих і великих, що стояли перед Богом. І розгорнулися книги, і розгорнулась інша книга, то книга життя. І суджено мертвих, як написано в книгах, за вчинками їхніми. І дало море мертвих, що в ньому, і смерть і ад дали мертвих, що в них, і суджено їх згідно з їхніми вчинками. Смерть же та ад були вкинені в озеро огняне. Це друга смерть, озеро огняне. А хто не знайшовся написаний в книзі життя, той укинений буде в озеро огняне...»

У цьому уривку розповідається про суд великого білого престолу. Коли зрощення людини завершиться тут, на землі, Господь повернеться на повітрі, щоб забрати всіх віруючих. Потім віруючі, які ще живуть на землі, будуть піднесені на небо, де відбуватиметься семирічний весільний обід. Поки відбуватиметься весільний обід на небі, на цій землі буде сім років нещастя. Після того Господь повернеться на землю і царюватиме на ній тисячу років. А через тисячу років розпочнеться суд великого білого престолу. Тоді Божі діти, чиї імена записані у книзі життя, підуть на небеса, а ті, чиї імена не записані у книзі життя, будуть осуджені за їхніми справами, а потім підуть до пекла.

Читаючи Біблію, ми можемо побачити, що від моменту створення Богом людини і до сьогоднішнього дня любов Бога до нас не змінилася. Навіть після того, як Адам і Єва згрішили і були вигнані з еденського раю, Бог дозволив нам дізнатися Його волю, Його план, а також те, що відбудеться через таких праведників, як Ной, Авраам, Мойсей, Давид і Даниїл. Навіть у наш час Божа сила і Його присутність явні у нашому житті. Він діє через людей, які дійсно визнають Його і люблять Його.

Читаючи Старий Заповіт, ми можемо побачити, що оскільки Бог любить нас, Він вчить нас, як не вчинити гріх і як жити у праведності. Він вчить нас, що таке гріх і праведність, щоб ми могли уникнути суду. Він також вчить нас, що якщо ми поклоняємося Йому, ми повинні мати особливі свята, щоб приносити Йому жертви, щоб ми не забули живого Бога. Ми бачимо, що Він благословляв тих, хто вірить у Нього, а для тих хто згрішив, Він давав шанс відвернутися від свого гріха: через покарання, або іншим способом. Він також використовував Своїх пророків, щоб відкрити Свою волю і навчити нас жити в істині.

Однак люди не корилися, а продовжували грішити. Щоб вирішити цю проблему, Він послав Свого Спасителя, Ісуса Христа, Якого Він приготував ще до початку віків. І Він відкрив шлях спасіння, так щоб всі люди могли спастися через віру.

Хто такий Син, Ісус Христос?

Людина, яка зогрішила, не може спокутувати за гріх іншої людини, тому була потрібна людина, яка не мала жодного гріха. Тому Бог Сам мав стати тілом і зійти на цю землю. Ним став Ісус. Оскільки заплата за гріх смерть, Ісус повинен був бути страчений на хресті, щоб спокутувати наші гріхи. (Книга Левит 17:11; Послання до євреїв 9:22).

За Божим планом Ісус загинув на дерев'яному хресті, щоб звільнити людство від того, що воно перебувало під прокляттям закону. Після викупу людства від їхніх гріхів Він воскрес із мертвих на третій день. Тому будь-яка людина, яка вірить в Ісуса Христа як свого Спасителя, отримає прощення своїх гріхів і спасіння. Подібно до Ісуса, Який став першим плодом воскресіння, ми також воскреснемо і увійдемо в царство.

В Євангелії від Івана 14:6 Ісус говорить: «Я дорога, і правда, і життя. До Отця не приходить ніхто, якщо не через Мене». Ісус – дорога, тому що Він став дорогою для людства, щоб люди могли потрапити на небеса, де царює Бог-Отець. Він – правда, тому що Він – Слово Боже, яке стало тілом і прийшло на цю землю. Він – життя, тому що лише через Нього людина отримує спасіння і вічне життя.

Перебуваючи тут, на землі, Ісус повністю виконав Закон. За законами Ізраїлю Ісус був обрізаний на восьмий день після народження. Він жив зі Своїми батьками до 30 років і виконував всі Свої обов'язки. Ісус не мав первородного гріха і не грішив. Тому у 1 Посланні Петра 2:22 про Ісуса написано: «Не вчинив Він гріха, і не знайшлося в устах Його підступу!»

Через короткий час за Божою волею Ісус почав постити протягом 40 днів перед тим, як розпочати Своє служіння. Він розповів багатьом людям про живого Бога і про Євангеліє Небесного Царства, Він являв Божу силу всюди, куди йшов. Він ясно показував, що Бог – істинний, що Він – верховний наглядач життя і смерті.

Ісус прийшов у цей світ для того, щоб розповісти людям про Бога-Отця, знищити ворога-диявола, щоб врятувати нас від гріха і привести нас до шляху вічного життя. Тому в Євангелії від Івана 4:34 Ісус говорить: «Пожива Моя чинити волю Того, Хто послав Мене, і справу Його довершити».

Ісус Христос – Спаситель

Ісус Христос – не лише один з чотирьох найбільших філософів, відомих в усьому світі. Він – Спаситель, який відкрив шлях спасіння для всього людства. Тому Його неможна поставити на один рівень з людьми, простими створіннями. У Посланні до филип'ян 2:6-11 написано: «Він, бувши в Божій подобі, не вважав за захват бути Богові рівним, але Він умалив Самого Себе, прийнявши вигляд раба, ставши подібним до людини; і подобою ставши, як людина, Він упокорив Себе, бувши слухняний аж до смерти, і то смерти хресної... Тому й Бог повищив Його, та дав Йому Ім'я, що вище над кожне ім'я, щоб перед Ісусовим Ім'ям вклонялося кожне коліно небесних, і земних, і підземних, і щоб кожен язик визнавав: Ісус Христос то Господь, на славу Бога Отця!».

Оскільки Ісус корився Богові і приніс Себе у жертву відповідно до Божої волі, Бог підніс Його, поставивши на найпочесніше місце по праву руку від Себе і назвав Його Царем над царями і Паном над панами.

Хто такий Святий Дух-Помічник?

Коли Ісус був тут, у цьому світі, Він мав діяти у межах часу і простору, тому що мав тіло людини. Він поширював Євангеліє у землях Юдеї, Самарії і Галілеї, але не міг поширювати Євангеліє у більш віддалених землях. Однак, після того, як Ісус воскрес і вознісся на небеса, Він послав нам Святого Духа, Помічника, який зійшов на людство, переступаючи межі часу і простору.

Слово «помічник» означає «провісник, який захищає, переконує або допомагає іншій особі зрозуміти свою неправоту», «радник, який заохочує і зміцнює іншу особу».

Святий Дух, єдиний з Богом, знає глибини Божого серця (1 Послання до коринтян 2:10). Так само, як грішник не бачить Бога, Святий Дух не може жити у грішнику. Тому перед тим, як Ісус викупив нас, загинувши на хресті і проливши Свою кров, Святий Дух не міг увійти у наші серця.

Але після того, як Ісус помер і потім воскрес, проблема гріха була вирішена. І кожен, хто відкриває своє серце і приймає Ісуса Христа, може отримати Святого Духа. Коли людина виправдовується вірою, Бог дає їй дар Святого Духа, щоб Святий Дух потім міг жити у серці людини. Святий Дух веде нас і управляє нами. Через Нього ми можемо спілкуватися з Богом.

Тоді чому Бог дає Своїм дітям дар Святого Духа? Тому що доки Святий Дух не увійде в нас і не відновить наш дух, який був мертвий внаслідок гріха Адама, ми не зможемо увійти в істину або перебувати в істині. Коли ми віримо в Ісуса Христа, Святий Дух входить у наше серце і учить нас Божим законам, які є Істиною, щоб ми могли жити за законами і перебувати в істині.

Робота Святого Духа-Помічника

Головна робота Святого Духу полягає в тому, щоб ми народилися знову. Народившись знову, ми розуміємо Божі закони і намагаємося їх дотримуватися. Тому Ісус сказав: «Коли хто не родиться з води й Духа, той не може ввійти в Царство Боже. Що вродилося з тіла є тіло, що ж уродилося з Духа є дух» (Євангеліє від Івана 3:5-6). Отже, якщо ми не народилися знову від води і Святого Духу, ми не можемо отримати спасіння.

Тут під водою мається на увазі жива вода – Боже Слово. Ми повинні повністю очиститися і змінитися за допомогою Божого Слова або істини. Отже, що означає народитися знову від Святого Духу? Коли ми приймаємо Ісуса Христа, Бог дає нам дар Святого Духа і визнає нас Своїми дітьми (Книга Дії 2:38). Божі діти, які отримують Святого Духа, слухають Слово істини і вчаться розрізняти добро і зло. І коли вони моляться від усього серця, Бог дає їм благодать і силу жити за Його Словом. Це означає народитися знову від Святого Духу. І залежно від того, наскільки Дух народжує дух кожної людини, вона змінюється під дією істини. І в залежності від того, наскільки людина змінилася під дією істини, настільки вона може отримати духовну віру від Бога.

По-друге, Святий Дух допомагає нам у наших немочах і заступається за нас невимовними зітханнями у нашій молитві (Послання до римлян 8:26). Він також ламає нас, щоб зробити нас кращими посудинами. І як сказав Ісус: «Утішитель же, Дух Святий, що Його Отець пошле в Ім'я Моє, Той навчить вас усього, і пригадає вам усе, що Я вам говорив» (Євангеліє від Івана 14:26), Святий Дух веде нас в істині і розповідає нам про те, що відбудеться у майбутньому (Євангеліє від Івана 16:13).

Крім того, якщо ми виконуємо бажання Святого Духа, Він дозволяє нам приносити плоди і отримувати духовні дари. Отже, якщо ми отримуємо Святого Духа і діємо відповідно до істини, Він працює в нас, так що ми можемо приносити плоди любові, радості, миру, довготерпіння, доброти, милосердя, віри, лагідності і здержливості (Послання до галатів 5:22-23). І це ще не все. Він також дає дари, які корисні для нашого духовного життя як віруючих: слово мудрості, слово знання, віра, дари вздоровлення, здійснення чуд, пророкування, розпізнавання духів, різні мови і тлумачення мов (1 Послання до коринтян 12:7-10).

Крім того, Дух також звертається до нас (Книга Дії 10:19), наказує нам (Книга Дії 8:29), та інколи забороняє нам щось робити, якщо це проти Божої волі (Книга Дії 16:6).

Триєдиний Бог виконує план спасіння

Отже, Отець, Син і Святий Дух були спочатку одним цілим. Споконвіку Бог, який існував як Світло, мав мелодійний голос і управляв всім всесвітом (Євангелії від Івана 1:1; 1 Послання Івана 1:5). Потім, у певний момент, щоб отримати істинних дітей, з якими Він міг би розділити Свою любов, Він почав розробляти план зрощення людства. Він розділив простір, в якому Він від початку існував, на кілька просторів і почав існувати як Триєдиний Бог.

Бог-Син, Ісус Христос, народився від Першоджерельного Бога (Книга Дії 13:33; Послання до євреїв 5:5), і Бог-Святий Дух, також народився від Першоджерельного Бога (Євангеліє від Івана 15:26; Послання до галатів 4:6). Тому Бог-Отець, Бог-Син і Бог-Святий Дух – Триєдиний Бог здійснювали план спасіння людства і будуть продовжувати робити це разом до дня суду великого білого престолу.

Коли Ісуса повісили на хрест, Він страждав не один. Бог-Отець і Святий Дух також відчували біль разом з Ним. Також, коли Святий Дух виконує Своє служіння, плачучи і заступаючись за душі тут, на землі, Бог-Отець і Господь також діють разом з Ним.

У 1 Посланні Івана 5:7-8 написано: «І троє свідкують на землі: дух, і вода, і кров, і троє в одно». Вода у духовному плані символізує служіння Божого Слова, а кров у духовному плані символізує служіння Господа і пролиття Його крові на хресті. Працюючи разом у Своїх служіннях, Бог-Трійця дає докази спасіння всім віруючим.

Також в Євангелії від Матвія 28:19 написано: «Тож ідіть, і навчіть всі народи, христячи їх в Ім'я Отця, і Сина, і Святого Духа». А в 2 Посланні до коринтян 13:13 написано: «Благодать Господа нашого Ісуса Христа, і любов Бога й Отця, і причастя Святого Духа нехай буде зо всіма вами!» Тут ми бачимо людей, які хрестилися і отримали благословення в ім'я Бога-Трійці.

Таким чином, оскільки Бог-Отець, Бог-Син і Бог-Святий Дух мають одну природу, одне серце і один розум від початку, кожна їхня роль у зрощенні людини досягається методично. Бог ясно виділив період Старого Заповіту, де Бог-Отець управляв Своїм народом, період Нового Заповіту, де Ісус прийшов у цей світ, щоб стати Спасителем людства, і пізніший період благодаті, де Святий Дух-Помічник здійснює Своє служіння. Бог-Трійця виконував Свою волю відповідно у кожному з тих періодів.

У Книзі Дії 2:38 написано: «Покайтеся, і нехай же охриститься кожен із вас у Ім'я Ісуса Христа на відпущення ваших гріхів, і дара Духа Святого ви приймете!» Також, як написано у 2 Посланні до коринтян 1:22: «Який [Бог] і назнаменував нас, і в наші серця дав завдаток Духа», якщо ми приймаємо Ісуса Христа і отримуємо Святого Духа, ми отримуємо не лише право стати Божими дітьми (Євангеліє від Івана 1:12), але ми також можемо отримати керівництво Святого Духа, щоб позбутися гріха і жити у Світлі. Коли нашій душі ведеться добре, ми будемо процвітати в усьому і ми отримаємо благословення духовним і фізичним здоров'ям. І коли ми потрапимо на небеса, ми також будемо насолоджуватися вічним життям!

Якби Бог-Отець існував самостійно, ми б не змогли у повній мірі отримати спасіння. Нам потрібен Ісус Христос, тому що ми можемо увійти у Боже Царство лише коли будуть омиті наші гріхи. І якщо нам потрібно позбутися своїх гріхів і шукати образа Бога, нам потрібна допомога Святого Духа. Оскільки Бог-Трійця, Отець, Син і Святий Дух, допомагає нам, ми можемо отримати повне спасіння і прославити Бога.

Словник

Тілесне і вчинки тіла

Слово «тіло» з духовної точки зору – це загальний термін, який означає неправду у наших серцях, яка виходить назовні у вигляді справ. Наприклад, ненависть, заздрість, перелюб, гордість і тому подібне виливаються у особливі вчинки: зґвалтування, розбещення малолітніх, вбивства та інше разом називаються «тілесне». І кожен з цих гріхів, якщо його класифікувати окремо, називається «вчинки тіла».

Пожадливість тілесна, пожадливість очам, пиха життєва

«Пожадливість тілесна» -- це характер людини, який змушує людей грішити, керуючись бажаннями тіла. Такі прагнення включають в себе ненависть, гордість, гнів, лінощі, перелюбство та інші. Коли ці гріховні характери стикаються з певними обставинами, які провокують їх, пожадливість тілесна починає виявлятися. Наприклад, якщо якась людина має гріховну природу «осуджувати і звинувачувати» інших, їй подобається слухати чутки і пліткувати.

«Пожадливість очам» означає гріховну природу, яка змушує людину бажати тілесного, коли серце людини збуджується через органи бачення і чуття. Пожадливість очам збуджується, коли ми бачимо і чуємо земне. Якщо цього не позбутися, якщо ми будемо продовжувати отримувати і приймати побачене і почуте, пожадливість тілесна буде збуджуватися і зрештою призведе до гріха.

«Пиха життєва» означає гріховну природу людини, яка змушує її бажати показати себе у вигідному світлі або вихвалятися, тримаючись задоволень цього світу. Якщо людина має таку гріховну природу, вона постійно намагатиметься отримати блага цього світу, щоб показати себе у вигідному світлі.

Розділ 3

Вчинки тіла

«Учинки тіла явні, то є: перелюб, нечистість, розпуста, ідолослужіння, чари, ворожнечі, сварка, заздрість, гнів, суперечки, незгоди, єресі, завидки, п'янство, гулянки й подібне до цього. Я про це попереджую вас, як і попереджав був, що хто чинить таке, не вспадкують вони Царства Божого!»
(Послання до галатів 5:19-21)

Навіть християнам, які були віруючими довгий час, може бути незнайоме висловлювання «вчинки тіла». Тому що у багатьох випадках у церквах не вчать конкретно про гріхи. Однак, в Євангелії від Матвія 7:21 ясно написано: «Не кожен, хто каже до Мене: Господи, Господи! увійде в Царство Небесне, але той, хто виконує волю Мого Отця, що на небі». Ми повинні точно знати, що таке Божа воля, ми напевно повинні знати про гріхи, які ненавидить Бог.

Бог називає «гріхами» не лише видимі неправильні вчинки, але також вважає гріхами ненависть, заздрість, ревнощі, осудження і/або засудження інших, безсердечність, неправдиве серце та інші. Відповідно до Біблії «Що не від віри» (Послання до римлян 14:23), знаючи, що таке правда, але не роблячи правди (Послання Якова 4:17), не чинити добро, яке я хочу чинити, але чинити зло, яке я не хочу робити (Послання до римлян 7:19-20), вчинки тіла (Послання до галатів 5:19-21), і тілесне (Послання до римлян 8:5) називаються «гріхами».

Всі ці види гріха будують стіну між нами і Богом, як написано у Книзі пророка Ісаї 59:1-3: «Ото ж бо, ГОСПОДНЯ рука не скоротшала, щоб не помагати, і Його вухо не стало тяжким, щоб не чути, бо то тільки переступи ваші відділювали вас від вашого Бога, і ваші провини ховали обличчя Його від вас, щоб Він не почув, бо ваші долоні заплямлені кров'ю, ваші ж пальці беззаконням, уста ваші говорять неправду, язик ваш белькоче лихе!»

Отже, які саме стіни гріха стоять між нами і Богом?

Тілесне і вчинки тіла

Звичайно, коли йдеться про тіло людини, ми поперемінно використовуємо слова «тіло» і «плоть». Однак, духовне визначення слова «плоть» відрізняється. У Посланні до галатів 5:24 написано: «А ті, що Христові Ісусові, розп'яли вони тіло з пожадливостями та з похотями». Але це не означає, що ми буквально розіп'яли свої тіла.

Ми повинні знати духовне значення слова «тіло», щоб зрозуміти значення попереднього вірша. Не у всіх випадках слово «тіло» має духовне значення. Інколи воно просто означає тіло людини. Тому нам необхідно краще знати цей термін, щоб ми могли розуміти, коли слово використовується у духовному значенні, а коли ні.

Спочатку людина при створенні мала дух, душу, тіло і не мала гріха. Однак, після непокори Божому Слову людина стала грішною. А оскільки заплата за гріх смерть (Послання до римлян 6:23), дух, який панував над людиною, помер. І тіло людини стало нікчемним, яке з часом зрештою старішає, гниє і перетворюється на жменю пороху земного. Таким чином, людина тримає гріх у своєму тілі і завдяки своїм діям чинить ці гріхи. Саме так використовується слово «тілесне».

«Тілесне» -- це духовне слово, яке являє собою поєднання гріховної природи і тіла людини, з якого просочується істина. Тому коли в Біблії говориться про «тілесне», це означає гріх, який ще не вилився у дію, але який може статися у будь-яку мить. До цього входять гріховні думки та всі інші види гріхів, які є в нашому тілі. І всі ці гріхи, якщо їх зібрати в одне ціле, називаються «тілесним».

Інакше кажучи, ненавист, гордість, гнів, осудження, звинувачення, перелюбство, жадібність та інші разом називаються «тілом», а кожен з цих гріхів окремо називається «тілесним». Тож оскільки це тілесне залишається в одному серці за правильних обставин вони можуть вийти назовні у будь-яку мить у вигляді гріховних дій. Наприклад, якщо у серці людини існує обман, це може бути не так очевидно за звичайних обставин, але якщо людина потрапила у несприятливі обставини, вона може збрехати іншій людині на словах або у діях.

Гріхи, які виходять назовні таким чином, також від «тілесного», але кожний гріх, явлений у діях, називається «вчинками тіла». Якщо, наприклад, ви бажаєте вдарити когось, цей «лихий намір» вважається «тілесним». І якщо ви насправді вдарили когось, це вважається «вчинком тіла».

У Книзі Буття 6:3 написано: «І промовив ГОСПОДЬ: Не буде Мій Дух перемагатися в людині навіки. Вона тіло». Бог стверджує, що Він більше ніколи не буде боротися в людині, тому що людина перетворилася на тіло. Тоді чи означає це, що Бог не з нами? Ні. Оскільки ми прийняли Ісуса Христа, отримали Святого Духа і народилися знову як Божі діти, ми вже більше не люди тіла.

Якщо ми живемо відповідно до Божого Слова і виконуємо керівництво Святого Духа, Дух народжує дух, і ми перетворюємося на людей духу. Бог, який є дух, перебуває в тих, хто перетворюється щоденно на людей духу. Однак Бог не живе в тих людях, які говорять, що вірять, однак продовжують грішити і чинити справи тіла. Біблія вказує знову і знову на те, що такі люди не можуть отримати спасіння (Псалом 91:7; Євангеліє від Матвія 7:21; Послання до римлян 6:23).

Вчинки тіла, які заважають людині успадкувати Боже Царство

Якщо, поживши у гріху, ми зрозуміли, що ми грішники і приймаємо Ісуса Христа, ми намагаємося не робити вчинки тіла, які явно є гріхом. Так, Богові не подобається «тілесне», але є «вчинки тіла», які насправді можуть заважати нам успадкувати Боже Царство. Тому ми повинні докладати більших зусиль, щоб ніколи не робити вчинки тіла.

У 1 Посланні Івана 3:4 написано: «Кожен, хто чинить гріх, чинить і беззаконня. Бо гріх то беззаконня». Тут «кожен, хто чинить гріх» -- це будь-яка людина, яка робить вчинки тіла. Також нечестивість – це беззаконня. Отже, якщо ви нечестиві, навіть якщо ви говорите, що ви – віруюча людина, в Біблії попереджається, що ви не можете отримати спасіння.

У 1 Посланні до коринтян 6:9-10 написано: «Хіба ви не знаєте, що неправедні не вспадкують Божого Царства? Не обманюйте себе: ні розпусники, ні ідоляни, ні перелюбники, ні блудодійники, ні мужоложники, ні злодії, ні користолюбці, ні п'яниці, ні злоріки, ні хижаки Царства Божого не вспадкують вони!»

У 13 главі Євангелія від Матвія ясно пояснюється, що відбудеться з такими людьми в кінці життя: «Пошле Людський Син Своїх Анголів, і вони позбирають із Царства Його всі спокуси, і тих, хто чинить беззаконня, і їх повкидають до печі огненної, буде там плач і скрегіт зубів!» (вірші 41-42). Чому так станеться? Тому що замість того, щоб намагатися позбутися гріхів, ці люди все життя йшли на компроміс з неправдою цього світу. Отже, в очах Бога вони – не «пшениця», а «полова».

Тож важливіше найперше визначити, які стіни гріха ми побудували між собою і Богом, і ми повинні зруйнувати ту стіну. Лише після вирішення цієї проблеми гріха нас може визнати Бог у тому, що ми маємо віру, а також ми можемо зростати і визрівати як «пшениця». Саме тоді ми зможемо отримати відповіді на свої молитви і відчути зцілення і благословення.

Явні вчинки тіла

Оскільки вчинки тіла виявляються у справах, ми можемо чітко бачити розбещений і зіпсований образ вчиненого гріха. Найочевидніші вчинки тіла – це розпуста, перелюб і блуд. Ці гріхи – сексуальні, і люди, які чинять ці гріхи, не можуть отримати спасіння. Отже, люди, які чинять ці гріхи, повинні швидко покаятися і відвернутися від цього шляху.

1) Розпуста, перелюб, блуд

По-перше, «розпуста» тут означає сексуальну аморальність. Це коли неодружені чоловік і жінка мають фізичний зв'язок один з одним. У наші дні, у наш вік, оскільки наше суспільство настільки переповнене гріхом, мати сексуальні стосунки до шлюбу стало нормою. Однак, навіть якщо двоє збираються одружитися і люблять одне одного, це все одно вважається діяти у неправді. Але у наш час люди навіть не соромляться. Вони навіть не вважають таку поведінку гріхом. Тому що у драмах або кінострічках суспільство перетворює історії про незаконний любовний зв'язок і стосунки, які відхиляються від істини, на «прекрасні історії любові». Люди дивляться і втягуються у ці драми і кінофільми потроху, люди стають абсолютно нечутливими до гріха.

Сексуальна розпуста неприпустима навіть з етичної або моральної точки зору. Тож наскільки більше неприйнятною вона буде в очах святого Бога? Якщо двоє людей дійсно люблять одне одного, вони, по-перше, використовуючи інститут шлюбу, повинні отримати визнання від Бога, а також від своїх батьків і родичів, а потім залишати своїх батьків і ставати зі своїм обранцем одним тілом.

По-друге, сексуальна розпуста, це коли одружений чоловік або жінка не тримають у святості свою подружню обітницю. Тобто, коли чоловік або дружина віддається втіхам з кимось іншим, а не з законним чоловіком або дружиною. Однак окрім перелюбу, який відбувається між людьми, існує також духовний перелюб, який часто чинять люди. Це коли люди називають себе віруючими, проте поклоняються ідолам або радяться з психологом або чаклуном, або покладаються на якусь чорну магію або аморальні захоплення. Таким чином, вони поклоняються злим духам і демонам.

У Книзі Числа, главі 25, читаємо про те, що коли сини Ізраїлю жили у Шіттімі, народ не лише чинив розпусту з жінками моавськими, але також поклонявся їхнім богам. В результаті Бог розгнівався на них, і 24 000 людей померло від кари в один день. Отже, якщо хтось говорить, що вірить в Бога, але покладається на ідолів і демонів, це є актом духовного перелюбу, актом зради Бога.

«Нечистота» -- це коли будь-яка гріховна природа заходить надто далеко і стає розбещеною. Наприклад, коли перелюбне серце заходить надто далеко, злочинець може згвалтувати матір і її доньку одночасно. Коли заздрість заходить надто далеко, це також може стати «нечистотою». Наприклад, якщо людина заздрить іншій людині настільки, що кидає дротики в її зображення, або проколює її фотографію голками, такі ненормальні дії відбуваються в результаті заздрості і ці дії називаються «нечистотою».

Перед тим, як людина повірить в Бога, вона може мати гріховну природу: гнів, заздрість, перелюб. Внаслідок первинного гріха Адама кожна людина народжується з неправдою, яка знаходиться у корені характеру будь-якої людини. Коли ці гріховні ознаки всередині людини переходять певну межу і переходить межі моралі і етики, завдаючи шкоди і болю іншій людині, ми говоримо, що це «нечистота».

«Чуттєвість» -- це пошук задоволення у плотських речах: сексуальні бажання і фантазії, будь-які непристойні дії, які чинить людина, задовольняючи свої хтиві бажання. «Чуттєвість» відрізняється від «перелюбства». Людина більшість свого часу перебуває у стані наповнення себе перелюбними думками, словами або діями. Наприклад, спаровуватися з тваринами або мати гомосексуальні зв'язки, коли жінка має сексуальний контакт з іншою жінкою, а чоловік з чоловіком, або використовувати сексуальні інструменти і таке інше, -- це все лихі дії. Які називаються «чуттєвістю».

У сучасному суспільстві люди говорять, що треба поважати гомосексуалістів. Однак, це протележить Богові і здоровому глузду (Послання до римлян 1:26-27). Також чоловіки. Які вважали себе жінками, або жінки, які вважали себе чоловіками, або транссексуали, неприйнятні для Бога (Книга Повторення Закону 22:5). Це протележить Божому порядку створення.

Коли суспільство починає розбещуватися через гріх, перше, з чого починається безлад, -- це мораль і етичні норми людей щодо статевих стосунків. Так склалося історично, що завжди, коли сексуальні культура суспільства ставала розбещеною, завжди наступав Божий суд. Содом і Гоморра, Помпеї – дуже гарні приклади. Коли ми бачимо, який безлад настає у сексуальній культурі всього світу, до моменту, коли нічого вже неможливо відновити, ми можемо дізнатися про те, що День суду близько.

2) Ідолопоклонство, чаклунство і ворожнеча

«Ідолів» можна розділити на дві основні категорії. Перша – це створення образу бога, який не має форми, надаючи йому фізичної форми, або створення образу, роблячи його об'єктом поклоніння. Люди хочуть мати те, що вони можуть побачити своїми очима, торкатися своїми руками і відчувати своїм тілом. Тому люди використовують дерево, каміння, сталь, золото або срібло для створення образів людини, тварин, птахів або риб, щоб поклонятися їм. Або вони дають імена: бог сонця, місяця, зірок, і поклоняються йому (Книга Повторення Закону 4:16-19). Це називається «ідолопоклонством».

У 32 главі Книги Вихід ми читаємо про те, що коли Мойсей зійшов на гору Сінай, щоб отримати Закон, і не повернувся одразу ж звідти, народ Ізраїлю зробив золотого теля і почав поклонятися йому. Незважаючи на те, що вони бачили безліч ознак і див, вони досі не вірили і зрештою почали поклонятися ідолу. Побачивши це, Бог дуже розгнівався. Він сказав, що знищить народ. Тоді їхнє життя було збережене завдяки палкій молитві Мойсея. Але в результаті цього випадку, люди, яким було більше двадцяти років на момент Виходу, не змогли увійти у ханаанський Край і померли у пустелі. З цього прикладу ми бачимо, наскільки Бог ненавидить, коли люди роблять ідолів, вклоняються їм або поклоняються їм.

По-друге, якщо ми любимо щось більше, ніж Бога, тоді це стає ідолом. У Посланні до колоссян 3:5-6 написано: «Отож, умертвіть ваші земні члени: розпусту, нечисть, пристрасть, лиху пожадливість та зажерливість, що вона ідолослуження, бо гнів Божий приходить за них на неслухняних».

Наприклад, якщо хтось має жадібність у своєму серці, тоді він може любити матеріальні речі більше, ніж Бога, і щоб заробити більше грошей, він може не святити День Господній. Також, якщо людина намагається задовольнити жадібність у своєму серці, люблячи інших людей або речі більше, ніж Бога, наприклад, свого чоловіка або дружину, дітей, власну репутацію, вплив, знання, розваги, телебачення, спорт, хобі або побачення, і не любить молитися і мати палке духовне життя, це є ідолопоклонством.

Саме тому що Бог сказав нам, щоб ми не поклонялися ідолам, якщо люди запитують: «Тож Бог хоче, щоб ми поклонялися лише Йому і любили лише Його?» і вважають Бога егоїстом, вони мають неправильне уявлення. Бог наказав нам любити спершу Його не для того, щоб бути диктатором. Він зробив це, щоб направити нас для достойного життя, яке повинне мати люди. Якщо людина любить інші речі і поклоняється їм більше, ніж Богу, вона не може виконувати свої обов'язки як людина і не може позбутися гріха у своєму житті.

Продовжимо. У словнику дається визначення слова «чаклунство». Це «практики або заклинання, які робить людина, яка ніби наділена надприродною силою або чарами за допомогою лихих духів; чорна магія; чари». Якщо людина радиться з шаманами, екстрасенсами і подібними людьми, вона підпадає під цю категорію. Деякі люди звертаються до шамана або екстрасенса, щоб запитати про свою дитину, яка збирається здавати вступні іспити, або дізнатися про те, чи їхня наречена або наречений дійсно пара для них. Або якщо у них в родині відбулося горе, вони намагаються дістати амулет для гарної долі. Але Божі діти ніколи не повинні цього робити, тому що це приведе лихих духів в їхнє життя, і в результаті їх спіткатимуть ще більші нещастя.

«Чаклунство» і «заклинання» -- це тактика обману інших людей: вигадування лихих планів, щоб обдурити когось, або змусити людину потрапити у пастку. З духовної точки зору «чаклунство» -- це акт обдурювання іншої людини за допомогою хитрої брехні. Ось чому темрява управляє різними сторонами нашого суспільства.

«Ворожнеча» -- це відчуття обурення або ворожості щодо іншої людини і бажання її скорої загибелі. Якщо ви уважно дослідити серця людей, які вороже ставляться до інших людей, ви насправді побачите, що вони насправді віддаляються від тієї людини і ненавидять її тому, що вони з якоїсь причини не люблять ту особу, або через свої власні лихі почуття. Тепер, коли ці лихі емоції виросли так, що перейшли певні межі, вони можуть перерости у дії, які можуть завдати шкоди іншим людям, як, наприклад, зведення наклепів, поширення чуток і псування репутації, а також будь-які інші дії, здійснені з лихим наміром.

У 16 главі 1 Книги Самуїлової ми бачимо, що коли дух ГОСПОДА залишав Саула, прийшли лихі духи почали непокоїти його. Але коли Давид грав на гуслах, злий дух відступав від Саула. Також Давид вбив филистимського велетня Голіята за допомогою пращі і каменю і врятував народ Ізраїлю у критичну хвилину, ризикнувши своїм життям, скорившись Саулу. Однак Саул боявся, що Давид забере у нього царювання і багато років переслідував Давида, щоб вбити його. Зрештою, Бог відмовився від Саула. Боже Слово говорить нам про те, що ми повинні любити навіть своїх ворогів. Отже, ми ніколи не повинні відчувати неприязнь до когось.

3) Ворожнеча, заздрість, спалахи гніву

«Ворожнеча» з'являється, коли люди ставлять у пріоритет власну вигоду і силу над іншими і борються за це. Суперечка зазвичай починається з жадібності і спричиняє конфлікти, що приводить до ворожнечі між правителями країн, членами політичних партій, родичами, членами однієї церкви, а також руйнує інші міжособні відносини.

В історії Кореї відомий приклад ворожнечі між державними лідерами. Тевонгун, батько останнього імператора династії Чосон, а також його невістка імператриця Мьонсон сперечалися щодо політичної сили кожного з них, маючи різноманітні іноземні сили позаду себе. Це продовжувалося більше десяти років. Це привело до безладдя у державі, що у свою чергу привело до повстання за участю військового повстання і навіть повстання фермерів. В результаті цього було вбито багато політичних лідерів, і імператрицю Мьонсон було також вбито японськими найманими вбивцями. Зрештою, внаслідок сварки між провідними державними лідерами, Корея втратила свою незалежність від Японії.

Сварки також відбуваються між чоловіком і дружиною, або батьками і дитиною. Якщо і чоловік, і дружина бажають, щоб кожен з них задовольнив їхні бажання, це може призвести до сварки і навіть до розлучення. Існують навіть приклади, коли чоловік і дружина подають позови один на одного до суду і стають довічними ворогами. Якщо у церкві відбуваються сварки, розпочинається робота сатани, що перешкоджає зростанню церкви і заважає правильній роботі всіх відділень церкви.

Читаючи Біблію, ми часто дізнаємося про описані в ній сварки і суперечки. У 2 Книзі Самуїловій 18:7 ми читаємо про те, як син Давида, Авесалом, організував повстання проти Давида, і двадцять тисяч осіб загинуло в один день. Також після смерті Соломона Ізраїль розділився на північне царство Ізраїль і південне царство Юдею, і після цього постійно продовжувалися війни і суперечки. Особливо у північному царстві Ізраїлі престол постійно потрясали сварки. Тому, знаючи, що сварки призводять до болю і знищення, я сподіваюся, що ви завжди будете шукати миру і вигоди для інших.

«Заздрість» -- це коли людина віддаляється від інших людей і ненавидить їх, тому що починає заздрити їм, думаючи, що вони кращі за неї. Коли заздрість росте, вона може перетворитися на гнів, сповнений зла. Це може призвести до сварок, що переростають у конфлікти.

Якщо звернутися до Біблії, то там можна прочитати про двох дружин Якова, Лію і Рахіль, які заздрили одна одній, і у конфлікті був замішаний Яків (Книга Буття 30). Цар Саул заздрив Давиду, якого більше любили люди (1 Книга

Самуїлова 18:7-8). Каїн заздрив своєму братові Авелю і вбив його (Книга Буття 4:1-8). Заздрість походить від зла, яке лежить у серці людини, яке спонукає її задовольнити свою пожадливість.

Найлегший спосіб виявити у собі заздрість – це подумати, чи відчували ви коли-небудь себе незручно, коли інші люди процвітають і коли їм добре. Крім того, ви можете почати недолюблювати іншу людину і бажати отримати те, що має вона. Також якщо ви колись порівнювали себе з іншою особою і відчували зневіру і заздрість – це і є коренем проблеми. Якщо це людина такого ж віку, має таку ж віру, досвід і походження або живе у спільному з вами середовищі, легко почати їй заздрити. Так само, як Бог наказав нам «любити своїх ближніх як самих себе», якщо іншу людину похвалили через те, що вона краще за вас у чомусь, Бог бажає, щоб ми раділи разом з ними. Він бажає, щоб ми раділи так, ніби самі отримали похвалу.

«Спалахи гніву» -- це прояви гніву, який не лише залишається всередині особи, коли вона намагається вгамувати його. Часто вони мають руйнівні наслідки. Наприклад, вони легко починають гніватися, коли щось не узгоджується з їхніми поглядами або думками, коли вони шаленіють і навіть здатні вбити. Те, що ви засмутилися і виявили свою емоцію, не завадить вашому спасінню, однак якщо ви маєте лиху природу свого гніву, ви можете вибухнути люттю. Отже, ви повинні викорінити це зло і позбутися його.

Такою є історія царя Саула, який почав заздрити Давиду і наполегливо намагався вбити його лише тому, що Давида прославляли люди, бо він заслуговував на хвалу! В Біблії є кілька місць, де Саул демонструє спалахи свого гніву. Одного разу він кинув спис у Давида (1 Книга Самуїлова 18:11). За те, що місто Нов допомогло Давиду втекти, Саул знищив мечем всіх його жителів. То було місто священиків, і Саул вбив не лише чоловіків, жінок, дітей і немовлят, він також вбив волів, ослів і дрібну худобину (1 Книга Самуїлова 22:19). Якщо ми надто гніваємося, ми нагромаджуємо велику кількість гріха.

4) Суперечки, чвари і розбрат

«Суперечки» змушують людей до розлучення. Якщо їм щось не підходить, вони утворюють групи або кліки. Це не просто групи, де зібрані близькі люди, які мають щось спільне або часто зустрічаються. Це шкідливі групи, де її члени розпускають плітки, критикують, осуджують і звинувачують. Ці групи можуть утворюватися у межах сім'ї, серед сусідів або навіть у церкві.

Якщо, наприклад, хтось не любить свого служителя і починає розпускати чутки про нього у колі людей, які думають так само, це називається «синагогою сатани». Оскільки ці люди заважають служителям, осуджуючи і звинувачуючи їх, церква, в якій вони служать, не може мати відродження.

«Чвари» -- це створення фракцій і відділення себе від інших, покладаючись на власне бажання і думки. Прикладом може бути розділення у церкві. Це іде проти волі Бога, тому що причиною цього стало сильна думка, думки певної людини – єдине правильне розуміння, і все має пристосовуватися, щоб знайти вигоду для себе.

Син Давида, Авесалом, повстав проти батька (2 Книга Самуїлова, глава 15), тому що він керувався власною пожадливістю. Під час цього повстання багато ізраїльтян, навіть Ахітофел, радник Давида, перейшов на сторону Авесалома, зрадивши Давида. Бог залишає людей, які беруть участь у справах тіла. Отже, Авесалом і всі чоловіки, які перейшли на його сторону, зрештою зазнали поразки і їх спіткала жалюгідна смерть.

«Єресь» -- це коли люди відрікаються від Господа, Який викупив їх, і стягують на себе скору погибель (2 Послання Петра 2:1). Ісус Христос пролив Свою кров, щоб спасти нас, коли ми були у гріху, тому правильним буде сказати, що Він викупив нас Своєю кров'ю. Тому якщо ми стверджуємо, що віримо в Бога, але заперечуємо Святу Трійцю, або Ісуса Христа, Який викупив нас Своєю кров'ю, ми ніби знищуємо самі себе.

Буває так, коли не знаючи правильного визначення єресі, люди звинувачують і осуджують інших людей у єресі, тому що вони трохи відрізняються від них. Однак, це дуже небезпечно, це може перешкоджати роботі Святого Духа. Якщо хтось вірить у Триєдиного Бога: Отця, Сина і Святого Духа, і не зрікається Ісуса Христа, ми не можемо звинувачувати таких людей у єресі.

5) Заздрість, вбивства, пияцтво, гулянки

«Заздрість» -- це ревнощі, які проявляються у справах. Ревнувати означає осуджувати або не любити інших, коли у них все добре, а заздрити – це крок далі, коли це несхвалення провокує іншу людину діяти так, що завдає шкоди іншим людям. Звичайно, заздрість зустрічається частіше серед жінок, але неодмінно вражає також чоловіків, і якщо вона прогресує, то може привести до смертних гріхів, наприклад, убивства. І навіть якщо до убивства не дійшло, це може спричинити залякування або заподіяти шкоду іншій людині, або до інших лихих дій, таких як таємна змова проти іншої людини або людей.

«Пияцтво». В Біблії є розповідь про те, що відбулося після покарання потопом, коли Ной випив вина, сп'янів і зробив помилку. Сп'яніння Ноя зрештою призвело до прокляття його другого сина, який оприлюднив його слабкість. У Посланні до ефесян 5:18 написано: «І не впивайтесь вином, в якому розпуста, але краще наповнюйтесь Духом». Це означає, що пияцтво – це гріх.

В Біблії записано про сп'янілих від вина людей, тому що в Ізраїлі багато посушливих територій пустелі і недостатня кількість води. Тому дозволені були альтернативні воді винні напої, виготовлені з чистого виноградного соку та інших фруктів, які мають у собі велику концентрацію цукру (Книга Повторення Закону 14:26). Однак, народ Ізраїлю пив це вино замість води, але не так багато, щоб сп'яніти. Але у наш час у нашій країні, де досить питної води, нам немає необхідності вживати вино або алкогольні напої замість води.

В Біблії ми можемо прочитати про те, що Бог не планував, щоб віруючі пили такі міцні напої, як вино (Книга Левит 10:9; Послання до римлян 14:21). У Книзі Приповістей 31:4-6 написано: «Не царям, Лемуїле, вино, не царям, і напій той п'янкий не князям, щоб не впився він та не забув про Закона, і щоб не змінив для всіх гноблених права! Дайте напою п'янкого тому, хто гине, а вина гіркодухим».

Ви можете сказати: «Невже не є нормальним випити достатньо, але те так, щоб сп'яніти?» Але навіть якщо ви трохи сп'яніли, ви «лише трохи сп'яніли». Ви все одно сп'янієте навіть якщо вип'єте зовсім трохи. Коли людина стає п'яною, вона втрачає самовладання, тож навіть якщо зазвичай ви спокійна і лагідна людина, ви можете стати буйною, коли сп'янієте. Деякі люди починають говорити грубі слова і діяти неввічливо, або навіть скандалити. Також, оскільки сп'яніння призводить до нерозумних вчинків і необачності, деякі люди можуть чинити будь-які гріхи. Дуже часто ми бачимо, як алкоголіки руйнують своє здоров'я, і такі люди чинять біль не лише собі, але також своїм рідним. Але у багатьох випадках, незважаючи на те, що людям відомий згубний вплив алкоголю, одного разу почавши пити, вони вже не можуть зупинитися і продовжують пити і руйнувати своє життя. Тому «пияцтво» включене у список «вчинків тіла».

Дещо підпадає під категорію «гулянки». Якщо когось поглинуло пияцтво, азартні ігри і подібне, якщо людина вже не здатна контролювати і дбати про своїх домашніх, або піклуватися про дитину, як батько або матір, тоді Бог вважає це «гулянкою» Також, не маючи самовладання і шукаючи сексуальних задоволень і маючи аморальний спосіб життя, або живучи так, як заманеться, ви також підпадаєте під категорію «гулянки».

Ще однією проблемою сучасного суспільства є нав'язливе бажання мати вироби зовнішньої розкоші і брендові речі, які змушують втягуватися у гулянки. Люди купляють дизайнерські сумки, одяг, взуття та інше, що вони не можуть собі дозволити, використовуючи кредитні картки, що приводить їх до величезних боргів. Не маючи можливості повернути борг, деякі люди чинять злочини або здійснюють самогубство. Це є підтвердженням того, що люди втрачають самовладання над своєю пожадливістю, шукають веселощів, а потім мають розплачуватись за наслідки.

6) І подібне…

Бог говорить нам, що існує ще багато інших вчинків тіла окрім тих, що вже були згадані. Однак, думаючи так: «Як же я можу позбутися всіх цих гріхів?», ми не повинні здаватися на самому початку. Навіть якщо ви маєте багато гріхів, якщо ви візьмете на себе суворе зобов'язання у своєму серці і дуже старатиметеся, ви напевно зможете позбутися своїх гріхів. Намагаючись не робити вчинків тіла, якщо ви дуже старатиметесь робити добрі справи і постійно молитиметесь, ви отримаєте Божу благодать і силу змінити себе. Це неможливо зробити завдяки лише силі людини, але все можливо за допомогою сили Бога (Євангеліє від Марка 10:27).

Що відбувається, коли ви живете життям земної людини, серед постійного гріха і бенкетів, незважаючи на те, що ви чули і дізналися, що ви не можете успадкувати Боже Царство, якщо будете продовжувати чинити справи тіла? Тоді ви – людина тіла, тобто «полова» і не можете отримати спасіння. У 1 Посланні до коринтян 15:50 написано: «І це скажу, браття, що тіло й кров посісти Божого Царства не можуть, ані тління нетління не посяде». Також у 1 Посланні

Івана 3:8 написано: «Хто чинить гріх, той від диявола, бо диявол грішить від початку».

Ми повинні пам'ятати, що якщо ми чинимо справи тіла і будуємо стіну гріха між собою і Богом і продовжуємо накопичувати гріхи, ми не зможемо зустріти Бога, отримати відповіді на свої молитви або успадкувати Боже Царство, потрапити на небеса.

Однак, якщо ви прийняли Ісуса Христа і отримали Святого Духа, це не означає, що ви можете позбутися усіх вчинків тіла одразу. Але за допомогою Святого Духу ви повинні намагатися жити святим життям і молитися з вогнем Святого Духу. Тоді ви поступово можете позбутися вчинків тіла. Навіть якщо ви досі маєте кілька вчинків тіла, яких ви ще не позбулися, якщо ви докладете зусиль, Бог не буде називати вас людиною тіла, а назве вас дитиною, яка стала праведною за вірою, і Він приведе вас до спасіння.

Але це не означає, що ви повинні залишатися на рівні, коли ви будете продовжувати чинити вчинки тіла. Ви повинні намагатися не лише позбутися вчинків тіла, які видимі зовні, але також позбутися вчинків тіла, які невидимі зовні. У часи Старого Заповіту було важко позбутися вчинків тіла, тому що Святий Дух ще не прийшов, і люди повинні були це робити, покладаючись на власні сили. Однак тепер, у часи Нового Заповіту, ми можемо позбуватися вчинків тіла за допомогою Святого Духа і ставати освяченими.

Ісус Христос вже простив нас за всі наші гріхи, проливши Свою кров на хресті і послав нам Святого Духа, Помічника. Тому я молюся про те, щоб ви отримали допомогу Святого Духа, позбулися вчинків тіла і щоб вас визнали істинною дитиною Бога.

Розділ 4

«Отож, учиніть гідний плід покаяння»

«Тоді до нього виходив Єрусалим, і вся Юдея, і вся йорданська околиця, і в річці Йордані христились від нього, і визнавали гріхи свої. Як побачив же він багатьох фарисеїв та саддукеїв, що приходять на хрищення, то промовив до них: Роде зміїний, хто вас надоумив утікати від гніву майбутнього? Отож, учиніть гідний плід покаяння! І не думайте говорити в собі: Ми маємо отця Авраама. Кажу бо я вам, що Бог може піднести дітей Авраамові з цього каміння! Бо вже до коріння дерев і сокира прикладена: кожне ж дерево, що доброго плоду не родить, буде зрубане та й в огонь буде вкинене».
(Євангеліє від Матвія 3:5-10)

Іван був пророком, який народився перед Ісусом і «вирівняв стежку Йому». Івану була відома ціль його життя. Тож, коли прийшов час, він старанно поширював новину про Ісуса, Месію, що мав прийти. У той час юдеї чекали на Месію, який врятує народ. Тому Іван викрикував у пустелі юдейській: «Покайтесь, бо наблизилось Царство Небесне!» (Євангеліє від Матвія 3:2). І тих, хто покаявся у своїх гріхах, він христив водою і скеровував їх, щоб вони прийняли Ісуса як свого Спасителя.

В Євангелії від Матвія 3:11-12 написано: «Я хрищу вас водою на покаяння, але Той, Хто йде по мені, потужніший від мене: я недостойний понести взуття Йому! Він христитиме вас Святим Духом й огнем. У руці Своїй має Він віячку, і перечистить Свій тік: пшеницю Свою Він збере до засіків, а полову попалить ув огні невгасимім». Іван говорив людям заздалегідь, що Ісус, Син Божий, Який прийшов у цей світ, -- це наш Спаситель, Який зрештою буде нашим Суддею.

Коли Іван побачив багато фарисеїв і садукеїв, які прийшли христитися, він назвав їх «родом зміїним» і докорив їм. Він зробив так, тому що вони не могли отримати спасіння, не принісши належний плід покаяння. Тож тепер давайте докладніше розглянемо догану Івана, щоб зрозуміти, які саме плоди ми повинні принести, щоб отримати спасіння.

Роде зміїний

Фарисеї і садукеї мають корені в іудаїзмі і походять від нього. Фарисеї називали себе такими, що «відділилися». Вони вірили у воскресіння праведних і суд над нечестивцями. Вони суворо дотримувалися Закону Мойсея і традицій старших. Отже, їхнє положення у суспільстві було визначним.

З іншого боку саддукеї були аристократичними священиками, чиї інтереси здебільшого зосереджувалися на храмі, а погляди і звички відрізнялися від поглядів і звичок фарисеїв. Вони підтримували політичне правління римського уряду і відмовлялися вірити у воскресіння, вічну природу душі, ангелів і духовні істоти. Навіть Боже Царство вони вважали тимчасовим.

В Євангелії від Матвія 3:7 Іван Христитель докорив фарисеям і саддукеям: «Роде зміїний, хто вас надоумив утікати від гніву майбутнього?» Як ви думаєте, чому Іван назвав їх «родом зміїним», в той час коли вони вважали себе віруючими в Бога?

Фарисеї і саддукеї були вчителями Закону і говорили, що вірять в Бога. Однак, вони не визнали Ісуса Сином Бога. Тому в Євангелії від Матвія 16:1-4 написано: «І підійшли фарисеї та саддукеї, і, випробовуючи, просили Його показати ознаку їм із неба. А Він відповів і промовив до них: Ви звечора кажете: Буде погода, червоніє бо небо. А ранком: Сьогодні негода, червоніє бо небо похмуре. Розпізнати небесне обличчя ви вмієте, ознак часу ж не можете! Рід лукавий і перелюбний шукає ознаки, та ознаки йому не дадуть, окрім ознаки пророка Йони. І, їх полишивши, Він відійшов».

Також в Євангелії від Матвія 9:32-34 написано: «Коли ж ті виходили, то ось привели до Нього чоловіка німого, що був біснуватий. І як демон був вигнаний, німий заговорив. І дивувався народ і казав: Ніколи таке не траплялося серед Ізраїля! Фарисеї ж казали: Виганяє Він демонів силою князя демонів». Добра людина зраділа б і прославила Бога, коли Ісус вигнав демона. Але фарисеї ненавиділи Ісуса, осуджували і звинувачували Його, говорячи, що Він робить справи диявола.

У 12 главі Євангелія від Матвія ми читаємо про те, як люди намагаються знайти привід звинуватити Ісуса, запитуючи Його, чи правильно зціляти у суботу. Знаючи їхні наміри, Ісус навів їм ілюстрацію про вівцю, яка впала у яму в суботу, щоб навчити їх, що робити добро у суботу – це правильно. Тоді Він вздоровив чоловіка, який мав всохлу руку. Однак замість того, щоб дістати урок від цієї події, вони змовилися позбутися Ісуса. Оскільки Ісус робив те, що вони робити не могли, вони заздрили Йому.

У 1 Посланні Івана 3:9-10 написано: «Кожен, хто родився від Бога, не чинить гріха, бо в ньому пробуває насіння Його. І не може грішити, бо від Бога народжений він. Цим пізнаються діти Божі та діти дияволові: Кожен, хто праведности не чинить, той не від Бога, як і той, хто брата свого не любить!» Це означає, що людина, яка чинить гріхи, -- не від Бога.

Фарисеї і саддукеї говорили, що вірять в Бога, однак були сповнені зла. Вони робили вчинки тіла: заздрили, ненавиділи, були гордими, осуджували і звинувачували. Вони також чинили інші вчинки тіла. Вони виконували Закон і його формальні вимоги, шукали земної слави. Вони перебували під впливом сатани, старого змія (Книга Об'явлення 12:9); тому, коли Іван Христитель назвав їх «родом зміїним», він посилався саме на ці їхні якості.

Учиніть гідний плід покаяння

Якщо ми – діти Бога, ми повинні перебувати у світлі, тому що Бог – це Світло (1 Послання Івана 1:5). Якщо ми перебуваємо у темряві, що є протилежністю Світла, ми – не діти Бога. Якщо ми не діємо у праведності, тобто у Божому Слові, або якщо ми не любимо своїх братів за вірою, тоді ми не від Бога (1 Послання Івана 3:10). Такі люди не можуть отримувати відповіді на свої молитви. Вони не можуть отримати спасіння, а також відчути справи Бога.

В Євангелії від Івана 8:44 написано: «Ваш батько диявол, і пожадливості батька свого ви виконувати хочете. Він був душогуб споконвіку, і в правді не встояв, бо правди нема в нім. Як говорить неправду, то говорить зо свого, бо він неправдомовець і батько неправді».

Через непокору Адама всі люди від народження є дітьми ворога-диявола, правителя темряви. Лише ті люди, які отримали прощення, повіривши в Ісуса Христа, народилися знову як Божі діти. Однак, якщо ви говорите, що вірите в Ісуса Христа, але ваше серце залишається повним гріхів і зла, вас не можна назвати істинними дітьми Бога.

Якщо ми бажаємо стати дітьми Бога і отримати спасіння, ми повинні швидко покаятися в усіх своїх вчинках тіла і ділах плоті і приносити належні плоди покаяння, діючи відповідно до бажання Святого Духу.

Не думайте, що маєте отця Авраама

Проголосивши фарисеям і саддукеям, щоб вони

приносили плоди у покаянні, Іван Христитель продовжив говорити: «І не думайте говорити в собі: Ми маємо отця Авраама. Кажу бо я вам, що Бог може піднести дітей Авраамові з цього каміння!» (Євангеліє від Матвія 3:9).

Яке духовне значення має цей вірш? Нащадок Авраама повинен бути схожим на Авраама. Але на відміну від Авраама, отця віри і чоловіка правди, фарисеї і садукеї були сповнені беззаконня і нечестя у своєму серці. Чинячи лихі справи і підкоряючись дияволові, вони вважали себе дітьми Бога. Ось чому Іван докорив їм, порівнявши їх з Авраамом. Бог дивиться на суть серця людини, а не на зовнішній вигляд (1 Книга Самуїлова 16:7).

У Посланні до римлян 9:6-8 написано: «Не так, щоб Слово Боже не збулося. Бо не всі ті ізраїльтяни, хто від Ізраїля, і не всі діти Авраамові, хто від насіння його, але: В ІСААКУ БУДЕ НАСІННЯ ТОБІ. Цебто, не тілесні діти то діти Божі, але діти обітниці признаються за насіння».

У батька-Авраама було багато синів, однак, лише нащадки Ісаака стали істинними нащадками Авраама, нащадками обітниці. Фарисеї і садукеї були ізраїльтянами по крові, але на відміну від Авраама, вони не виконували Боже Слово. Тож з духовної точки зору їх не можна було визнати істинними дітьми Авраама.

Так само, якщо хтось приймає Ісуса Христа і ходить до церкви, це не означає, що вони автоматично стали дітьми Бога. Дитина Бога – це людина, яка отримала спасіння за вірою. Крім того, мати віру означає не лише чути Боже Слово. Необхідно також здійснювати його на практиці.

Якщо ми своїми вустами проголошуємо, що ми – Його діти, однак наше серце сповнене неправди, яку ненавидить Бог, ми не можемо називати себе дітьми Бога.

Якби Бог хотів, щоб діти діяли у злі, як фарисеї і садукеї, Він би обрав Своїми дітьми мертві камені, які лежать на землі. Але не такою була Божі воля.

Бог бажав мати справжніх дітей, з якими Він може ділитися Своєю любов'ю. Він хотів мати таких дітей, як Авраам, який любив Бога і корився Його слову у повній мірі, який постійно діяв з любов'ю і праведністю. Тому що люди, які не позбулися зла зі свого серця, не можуть принести Богові істинну радість. Якщо ми живемо як фарисеї і садукеї, виконуючи волю диявола замість волі Бога, тоді Богові не треба було докладати великих зусиль, щоб зрощувати людину і виховувати її. Він би міг взяти камені і перетворити їх на нащадків Авраама!

«Кожне ж дерево, що доброго плоду не родить, буде зрубане та й в огонь буде вкинене»

Іван Христитель сказав фарисеям і садукеям: «Бо вже до коріння дерев і сокира прикладена: кожне ж дерево, що доброго плоду не родить, буде зрубане та й в огонь буде вкинене» (Євангеліє від Матвія 3:10). Іван тут говорить про те, що оскільки Боже Слово було проголошене, всі будуть судитися відповідно до своїх справ. Тому кожне дерево, яке не приносить гарний плід, як фарисеї і садукеї, буде вкинене у вогонь пекла.

В Євангелії від Матвія 7:17-21 Ісус сказав: «Так ото родить добрі плоди кожне дерево добре, а дерево зле плоди родить лихі. Не може родить добре дерево плоду лихого, ані дерево зле плодів добрих родити. Усяке ж дерево, що доброго плоду не родить, зрубується та в огонь укидається. Ото ж бо, по їхніх плодах ви пізнаєте їх! Не кожен, хто каже до Мене: Господи, Господи! увійде в Царство Небесне, але той, хто виконує волю Мого Отця, що на небі».

В Євангелії від Івана 15:5-6 Ісус також сказав: «Я Виноградина, ви галуззя! Хто в Мені перебуває, а Я в ньому, той рясно зароджує, бо без Мене нічого чинити не можете ви. Коли хто перебувати не буде в Мені, той буде відкинений геть, як галузка, і всохне. І громадять їх, і кладуть на огонь, і згорять». Це означає, що діти Божі, які чинять відповідно до Його волі і приносять гарні плоди, увійдуть в Царство Небесне, а люди, які цього не роблять, -- це діти диявола, і вони будуть вкинені у вогонь пекла.

Коли в Біблії говориться про пекло, часто використовується слово «вогонь». У Книзі Об'явлення 21:8 написано: «А лякливим, і невірним, і мерзким, і душогубам, і розпусникам, і чарівникам, і ідолянам, і всім неправдомовцям, їхня частина в озері, що горить огнем та сіркою, а це друга смерть!» Перша смерть – це коли завершується фізичне життя людини, а друга смерть – це коли невмируща душа, що керує людиною, осуджується і потрапляє у вічний вогонь пекла.

Пекло складається з озера вогняного і озера з палаючою сіркою. Люди, які не вірять в Бога, і люди, які говорять, що вірять у Нього, але чинять нечестиво і не приносять плодів покаяння, не мають нічого спільного з Богом. Тому вони потраплять в озеро вогняне у пеклі. Люди, які вчинили дуже лихе і немислиме, або серйозно протистояли Богові, або діяли як фальшиві пророки і змусили багатьох людей потрапити до пекла, увійдуть в озеро, що горить вогнем та сіркою, що всемеро гарячіше, ніж вогняне озеро (Книга Об'явлення 19:20).

Деякі люди говорять, що відколи ви отримали Святого Духа і ваше ім'я записане у Книзі Життя, ви будь-що отримаєте спасіння. Однак, це неправда. У Книзі Об'явлення 3:1 написано: «Я знаю діла твої, що маєш ім'я, ніби живий, а ти мертвий». У Книзі Об'явлення 3:5 написано: «Переможець зодягнеться в білу одежу, а ймення його Я не змию із книги життя, і ймення його визнаю перед Отцем Своїм і перед Його Анголами». «Ти маєш ім'я, ніби живий» означає людей, які прийняли Ісуса Христа, і їхнє ім'я записане у Книзі Життя. Однак тут говориться про те, що якби так не було, якщо людина згрішить і стане на шлях смерті, її ім'я може бути витерте з Книги Життя.

У Книзі Вихід 32:32-33 ми читаємо історію про те, як Бог розгнівався на ізраїльський народ і задумав знищити їх через ідолопоклонство. Тоді Мойсей заступився за синів Ізраїлю, попросивши Бога простити їх ціною власного імені Мойсея, яке могло бути стерте з книги життя. Тоді Бог промовив: «Хто згрішив Мені, того витру із книги Своєї» (Книга Вихід 32:33). Це означає, що навіть якщо ваше ім'я було записане у Книзі Життя, воно може бути стерте, якщо ви відпадете від Бога.

Насправді є багато місць в Біблії, де говориться про відокремлення пшениці від полови серед віруючих. В Євангелії від Матвія 3:12 написано: «У руці Своїй має Він віячку, і перечистить Свій тік: пшеницю Свою Він збере до засіків, а полову попалить ув огні невгасимім». Також в Євангелії від Матвія 13:49-50 написано: «Так буде й наприкінці віку: Анголи повиходять, і вилучать злих з-поміж праведних, і їх повкидають до печі огненної, буде там плач і скрегіт зубів!»

Тут «праведні» -- це віруючі, а «злі поміж праведних» -- це ті люди, які називають себе віруючими, але схожі на полову, мають мертву віру, тобто віру без справ. Ці люди будуть вкинуті у вогонь пекла.

Гідний плід покаяння

Іван Христитель спонукав людей не лише до покаяння, але також приносити плоди покаяння. Отже, що таке плоди покаяння? Це плоди світла, плоди Святого Духа, плоди любові, які є прекрасними плодами істини.

Про це ми можемо прочитати у Посланні до галатів 5:22-23: «А плід духа: любов, радість, мир, довготерпіння, добрість, милосердя, віра, лагідність, здержливість: Закону нема на таких!» У Посланні до ефесян 5:9 написано: «Бо плід світла знаходиться в кожній доброті, і праведності, і правді». Тепер давайте розглянемо дев'ять плодів Святого

Духу, які є прекрасним зображенням цих «добрих плодів».

Перший плід – любов. У 13 главі 1 Послання до коринтян говориться про те, що таке справжня любов: «Любов довготерпить, любов милосердствує, не заздрить, любов не величається, не надимається, не поводиться нечемно…» (вірші 4-5). Інакше кажучи, справжня любов – це духовна любов. Крім того, така любов жертовна, коли людина може навіть віддати своє життя для Божого Царства і правди Його. Людина може мати таку любов, якщо позбудеться гріха, зла, беззаконня і стане освяченою.

Другий плід – радість. Люди, які мають плід радості, можуть радіти не лише коли у них все добре, але радіти за будь-яких обставин і у будь-якій ситуації. Вони завжди радіють, маючи надію на небеса. Тому вони не хвилюються, незалежно від того, які проблеми мають, вони моляться з вірою, і таким чином отримують відповіді на свої молитви. Оскільки вони вірять, що всемогутній Бог – їхній Батько, вони можуть завжди радіти, постійно молитися і дякувати, перебуваючи у будь-яких обставинах.

Мир – це третій плід. Людина, яка дає цей плід, має серце, яке ні з ким не конфліктує. Оскільки такі люди не мають ненависті, не схильні до суперечок або сварок, не егоцентричні, не егоїсти, вони можуть ставити інших людей на перше місце, жертвувати для них, служити їм і доброзичливо ставитися до них. В результаті вони завжди можуть досягати миру.

Четвертий плід -- довготерпіння. Давати цей плід, означає бути терплячим в істині завдяки розумінню і прощенню. Це не означає «виглядати» терплячим, просто стримуючи гнів який кипить всередині. Це означає позбавлятися таких гріхів, як гнів і лють, і замість цього сповнюватися добрістю і правдою. Це означає розуміти всіх людей і обіймати їх. І, оскільки людина, яка дає такий плід, не має негативних емоцій, зовсім немає необхідності у таких словах як «великодушний» і «терплячий». Цей плід стосується не лише стосунків з людьми, але також означає бути терплячим щодо самого себе, коли людина позбувається гріхів, терпляче чекає відповіді на молитви і прохання, звернені до Бога.

П'ятий плід – добрість. Це означає дійти порозуміння, коли іншу людину або щось неможливо зрозуміти. Це також означає вміння прощати, коли простити неможливо. Якщо ви маєте егоцентричні думки, або якщо ви завжди вважаєте себе правим, ви не можете приносити плід милосердя. Лише коли ви відмовитеся від себе, обіймете все широким серцем і піклуватиметесь про інших людей з любов'ю, ви дійсно зможете розуміти і прощати.

Шостий плід – милосердя. Це означає наслідувати серце Христа: серце, яке ніколи не сперечається, не буває показним, яке очеретини надломленої не доломить і ґнота догасаючого не погасить. Це істинне серце, яке позбулося всіх гріхів, яке завжди прагне милосердя у Святому Дусі.

Сьомий плід – віра. Це означає бути вірним до смерті,

коли настане час боротися з гріхом і позбуватися його, щоб досягти істини у своєму серці. Це також означає бути вірним і відданим у виконанні обов'язків у церкві, вдома, на роботі, та будь-яких інших обов'язків. Це означає бути вірним в «усьому Божому домі».

Восьмий плід – лагідність. Давати плід лагідності означає мати серце, м'яке, наче бавовна, яке дозволяє людині обіймати будь-яких людей. Якщо ви маєте лагідне серце, не має значення, хто намагається образити вас, ви не будете ображатися і страждати. Якщо кинути камінь у великий тюк бавовни, він просто поглине камінь. Так само, коли ви приносите плід лагідності, ви можете обнімати людей, давати тінь для людей, хто шукає місце для відпочинку.

І наприкінці, якщо ви приносите плід здержливості, ви можете насолоджуватися стабільністю в усіх сферах свого життя. У житті, яке має певний порядок, ви можете приносити всі правильні плоди у належний час. Отже, ви можете насолоджуватися прекрасним і благословенним життям.

Оскільки Бог бажає, щоб ми мали прекрасні серця, в Євангелії від Матвія 5:14 Він сказав: «Ви світло для світу», а у вірші 16 промовив: «Отак ваше світло нехай світить перед людьми, щоб вони бачили ваші добрі діла, та прославляли Отця вашого, що на небі». Якщо ми будемо приносити плоди Світла у покаянні, дійсно перебуваючи у Світлі, тоді добрість, лагідність і правда переливатимуться через край у нашому житті (Послання до ефесян 5:9).

Люди, які вчинили гідні плоди покаяння

Коли ми каємося у своїх гріхах і приносимо плоди покаяння, Бог визнає це як віру і благословляє нас, відповідаючи на наші молитви. Бог дає милість, коли ми щиро каємося всім серцем.

У часи нещастя Йов виявив зло у своєму серці і покаявся, посипавши себе порохом і золою. Тоді Бог зцілив всі його нариви на тілі і благословив, давши вдвічі більше багатства, ніж він мав раніше (Книга Йова, глава 42). Коли Йона покаявся, потрапивши у шлунок величезної риби, Бог врятував його. Народ Ніневії постив і покаявся, отримавши попередження про Божий гнів до них через їхні гріхи, і Бог простив їх (Книга Йони, глави 2-3). Єзекії, 13-му царю південного царства, Юдеї, Бог сказав: «Ти вмреш, а не видужаєш». Однак коли Єзекія заплакав ревним плачем і покаявся, Бог продовжив його життя на 15 років (2 Книга Царів, глава 20).

Тож навіть якщо людина чинить щось лихе, якщо вона щиро кається від усього серця і відвертається від гріха, Бог приймає те покаяння. Бог спасає Свій народ, як написано у Псалмі 102:12: «Як далекий від заходу схід, так Він віддалив від нас наші провини!»

У 4 главі 2 Книги Царів ми читаємо про одну багату шунамітянку, яка вірно служила пророку Єлисею своєю гостинністю. І хоча вона не просила, вона народила сина, якого дуже довго бажала. Вона служила не заради благословення, вона служила Єлисею, тому що любила Божого слугу і піклувалася про нього. Богові сподобалися її добрі справи, і Він благословив її зачаттям.

Також у 9 главі Книги Дії ми читаємо про Тавіту, послідовницю, яка чинила багато добрих і благодійних справ. Коли вона захворіла і померла, Бог використав Петра, щоб повернути її до життя. Бог дуже хоче відповісти на молитви Своїх дітей, які приносять прекрасні плоди, давши їм милість і благословення.

Отже, ми повинні чітко розуміти Божу волю, приносити плоди покаяння. Ми повинні наслідувати серце нашого Господа і застосовувати на практиці праведність. Дивлячись на своє відображення у Божому Слові, розуміючи, чи всі сторони вашого життя відповідають Божому Слову, я молюся, щоб ви повернулися до Нього і приносили плоди Святого Духу, плоди Світла, плоди любові, щоб ви отримали відповіді на всі свої молитви.

Словник

Різниця між гріхом і злом

«Гріх» – це будь-який вчинок, який не відповідає вірі. Це коли людина не робить правильно, знаючи, як правильно. Якщо розглядати це поняття ширше, все, що не має нічого спільного з вірою, – це гріх. Отже, не вірити в Ісуса Христа – це найбільший гріх.

«Зло» – це те, що неприпустиме з точки зору Божого Слова, тобто все, що протилежить істині, – це гріховна природа, яка знаходиться в серці. Таким чином, гріх – це конкретне зовнішнє вираження або видима форма зла, яке живе у серці людини. Зло невидиме за своєю природою. Отже гріх – це видимий результат зла, яке живе у серці людини.

Що таке добрість?

У словнику добрість – це «стан або якість добра, моральна висока якість, доброчесність». Однак, в залежності від совісті кожної людини, стандарти добрості можуть бути різними. Тому безумовний стандарт добрості потрібно шукати у Божому Слові, яке саме є добрістю. Отже, добрість – це істина, а саме, Боже Слово. Це Його воля і думка.

Розділ 5

«Ненавидьте зло та туліться до доброго»

«Любов нехай буде нелицемірна; ненавидьте зло та туліться до доброго!»
(Послання до римлян 12:9)

У наш час і у наш вік ми можемо бачити, що зло існує у стосунках між батьками і їхніми дітьми, між чоловіком і дружиною, між братами і сестрами, а також між сусідами. Люди подають позови до суду один на одного через спадок і в деяких випадках люди зраджують одне одного заради власної вигоди. Це змушує інших людей не лише дивитися на них несхвально, але також приносить великі страждання їм самим. Тому Бог сказав: «Стережіться лихого в усякому вигляді!» (1 Послання до солунян 5:22).

Слово називає людину «доброю», коли вона морально чесна і сумлінна. Однак, існує багато випадків, коли «добра» мораль людини і її сумління не такі вже добрі з точки зору Божого Слова. Крім того, бувають випадки, коли люди насправді заперечують саму волю Бога. Ми повинні пам'ятати одну істину: Боже Слово, і лише Його Слово, -- це абсолютний стандарт «добрості». Тому все, що у повній мірі не відповідає Божому Слову, -- це зло.

Тож як відрізняються гріх і зло? Здається, між ними немає різниці, але вони відрізняються. Наприклад, якщо для ілюстрації ми візьмемо дерево, зло – це коріння, яке знаходиться під землею, невидиме, а гріх – це видимі частини дерева: гілки, листя і плоди. Так само, як дерево може жити, маючи корені, людина грішить, тому що має зло всередині. Зло – це одна із рис характеру у серці людини, воно має в собі всі характерні риси і умови, які суперечать Богові. Коли це зло набуває виражену форму, наприклад, думку або вчинок, це називається «гріхом».

Як зло проявляється у вигляді гріха

В Євангелії від Луки 6:45 написано: «Добра людина із доброї скарбниці серця добре виносить, а лиха із лихої виносить лихе. Бо чим серце наповнене, те говорять уста його!» Якщо «ненависть» існує в серці людини, вона виходить у формі «саркастичних зауважень», «неприємних слів» або інших конкретних гріхів, подібних до цих. Щоб побачити, як гріх, який у серці, проявляється у вигляді гріха, давайте докладніше розглянемо історії Давида та Юди Іскаріотського.

Однієї ночі, коли цар Давид прогулювався по даху свого палацу, він побачив жінку, що купалася, і спокусився. Він наказав привести її до нього і вчинив з нею перелюб. Жінку звали Вірсавія. У той час її чоловіка Урії не було поряд, тому що він пішов на війну. Коли Давид дізнався про те, що Вірсавія завагітніла, він задумав вбити Урію на війні і одружитися на Вірсавії.

Звичайно, Давид лише призначив Урію бути у передовому загоні, сам він його не вбивав. У той час Давид, як цар, мав право і владу мати стільки дружин, скільки завгодно. Однак, у своєму серці Давид мав чіткий намір зробити так, щоб Урію було вбито. Таким чином, якщо ви маєте зло у своєму серці, ви можете вчинити гріх будь-коли.

Внаслідок цього гріха син Давида і Вірсавії помер, а інший його син Авесалом зрадив його. В результаті Давид повинен був рятуватися втечею, а Авесалом вчинив огидний вчинок, переспавши з наложницями свого батька на очах його слуг серед білого дня. Внаслідок цього багато людей у царстві загинуло, у тому числі Авесалом. Гріх перелюбства і вбивста привів за собою велике лихо для Давида і його народу.

Юда Іскаріотський, один з дванадцяти учнів Ісуса, -- яскравий приклад зрадника. Протягом 3 років, які він провів поряд з Ісусом, він бачив різноманітні дива, які могли бути вчинені лише завдяки силі Бога. Він був відповідальний за мішок з грошима, і він не міг позбутися пожадливості у серці. І час від часу він брав гроші з мішка і витрачав їх на власні потреби. Зрештою, його пожадливість змусила його зрадити свого вчителя, і, відчуваючи свою провину, він удавився.

Отже, якщо у вашому серці є зло, ви не можете знати у якій формі або в якому образі воно проявиться. Навіть якщо це невелике зло, якщо воно виросте, сатана може довести вас до гріха, коли вже ви не зможете уникнути його. Ви можете зрадити іншу людину або навіть Бога. Таке зло приносить біль і страждання вам і людям, які вас оточують. Саме тому ви повинні ненавидіти зло і позбуватися навіть його найменшої форми. Якщо ви ненавидите зло, звичайно, ви будете віддалятися від зла, ви не будете про нього думати і ви не будете його чинити. Ви лише будете робити добро. Тому Бог сказав ненавидіти зло.

Хвороби, випробування і нещастя спіткають нас через те, що ми чинили вчинки тіла, дозволяючи злу, що всередині нашого серця, виражатися зовні у гріхах. Якщо ми не контролюємо своє серце і чинимо вчинки тіла, в очах Бога ми нічим не відрізняємося від тварин. Якщо так, то буде Божий гнів, Він каратиме нас, щоб ми знову стали подібні до людей.

Позбутися зла і стати людиною праведності

Випробування і нещастя не відбуваються лише внаслідок думок або тілесного, що існують в серці. Думки можуть стати вчинками тіла (гріховними вчинками) у будь-який час, а отже ми повинні позбутися тілесного.

Передусім, якщо людина не вірить в Бога навіть після того, як побачила дива, які Він явив, -- це найбільше зло. В Євангелії від Матвія 11:20-24 Ісус докорив містам, де Він вчинив більшість своїх див, тому що вони не покаялися. До Хоразіну і Віфсаїди Ісус промовив: «Горе тобі, Хоразіне, горе тобі, Віфсаїдо!» і попередив: «Легше буде дня судного Тиру й Сидону, ніж вам!». А до Капернауму сказав: «Содомській землі буде легше дня судного, аніж тобі!...»

Тир і Сидон – це два язичницьких міста. Віфсаїда і Хоразін – це ізраїльські міста на північ від Галілейського моря. Віфсаїда також є батьківщиною трьох учнів Ісуса: Петра, Андрія і Пилипа. Саме там Ісус вздоровив сліпого, саме там вчинив найбільше диво, накормивши 5000 осіб двома рибками і п'ятьма хлібами. Оскільки люди бачили дива, що дали їм більше ніж достатньо доказів, щоб повірити в Ісуса, вони мали піти за Ним, покаятися і позбутися зла зі свого серця відповідно до Його учення. Але вони цього не зробили. Тому їх було покарано.

Те саме стосується нас сьогодні. Якщо людина є очевидцем ознак і див, які вчинила Божа людина, але вона досі не вірить в Бога, але судить і звинувачує ситуацію або Божу людину, тоді ця людина демонструє доказ, що вона має у своєму серці зло. Тож чому люди не можуть повірити? Тому що вони повинні скоритися і позбутися тілесного, але вони цього не роблять. Замість цього вони роблять тілесні вчинки і грішать. Чим більше вони грішать, тим твердішим стає їхнє серце. Їхня совість стає нечутливою, наче припеченою гарячою праскою.

Незважаючи на те, що Бог являє дива, які вони бачать, такі люди не здатні зрозуміти і повірити. Оскільки вони не розуміють, вони не можуть покаятися, а оскільки вони не покаялися, вони не можуть прийняти Ісуса Христа. Це ніби людина, яка краде. Спочатку людина боїться вкрасти навіть маленьку річ, але зробивши це пару разів, вона не відчуває вже докорів сумління, навіть коли вкрала велику річ, тому що її серце затверділо у процесі.

Якщо ми любимо Бога, ми будемо ненавидіти зло і прилипати до добра. Для цього ми спершу повинні перестати чинити тілесне, позбутися всього тілесного зі свого серця.

І коли ми перебуваємо у процесі позбування гріха і зла, ми можемо побудувати стосунки з Богом і отримати Його любов (1 Послання Івана 1:7, 3:9). Наші обличчя завжди будуть відображати радість, що переливається через край, і вдячність, ми можемо отримати зцілення від будь-якої хвороби і вирішення будь-якої проблеми у своїй родині, на роботі, бізнесі та інші.

Рід лукавий і перелюбний шукає ознаки

В Євангелії від Матвія 12:38-39 ми читаємо про те, як книжники і фарисеї вимагають, щоб Ісус явив їм ознаку. Ісус говорить, що рід лукавий і перелюбний шукає ознаки. Наприклад, є люди, які говорять: «Якщо ти покажеш мені Бога, я повірю». Такі люди говорять це не від щирого серця, яке дійсно хоче повірити. Вони говорять так, тому що сумніваються.

Тому це прагнення не вірити в істину або схильність піддавати остракізму або сумніватися у людині, яка краща за них, або бажати відмовлятися від всього, що не узгоджується з їхніми думками або поглядами, -- все це походить від духовного перелюбства. Відмовляючись вірити, люди, які вимагали ознаку, таємно замишляють виявити якусь ваду в Ісусі, щоб засудити і Його і визнати винним.

Чим більше самовпевненості, гордовитості, егоїзму мають люди, тим перелюбнішим стає це покоління. Оскільки цивілізація просувається швидко вперед у наш час, більше людей бажають бачити ознаки. Однак є дуже багато людей, які бачать ознаки, однак все одно не вірять! Не дивно, що таке покоління докоряють у тому, що воно лукаве і перелюбне!

Якщо ви ненавидите зло, ви не будете застосовувати його на практиці. Якщо на вашому тілі будуть фекалії, ви змиєте їх. Гріх і зло, які розкладають душу і тягнуть її до шляху смерті, навіть брудніші, смердючіші і огидніші, ніж фекалії. Ми навіть не можемо порівнювати мерзенність гріха з фекаліями.

Отже, які саме види зла ми повинні ненавидіти? В Євангелії від Матвія, главі 23 Ісус докоряє книжниками і фарисеям, промовляючи: «Горе вам...» Він використовує фразу «Горе вам», підкреслюючи, що вони не отримають спасіння. Ми розділимо причину на сім категорій і розглянемо їх більш детально.

Форми зла, які ми повинні ненавидіти

1. Закривати двері небес, щоб інші люди не могли потрапити туди

В Євангелії від Матвія 23:13 Ісус сказав: «Горе ж вам, книжники та фарисеї, лицеміри, що перед людьми зачиняєте Царство Небесне, бо й самі ви не входите, ані тих, хто хоче ввійти, увійти не пускаєте!»

Книжники і фарисеї знали, записували Божі слова і діяли так, ніби виконують Божі накази. Але їхні серця були затверділими, вони виконували Божу роботу поверхнево, отже, їм була оголошена догана. Незважаючи на те, що вони виконували всі формальні вимоги святості, їхні серця були сповнені беззаконня і зла. Коли вони побачили Ісуса, Який чинить дива, неможливі для людини, замість того, щоб визнати Його і радіти, вони плели інтриги, щоб протистояти Йому. Вони навіть зініціювали Його смерть.

Подібне можна сказати про сучасних людей. Люди, які заявляють, що вірять в Ісуса Христа, однак, живуть не зразковим життям, підпадають під цю категорію. Якщо через вас людина говорить: «Я не хочу вірити в Ісуса через таких як ти», тоді ви є такою людиною, яка зачиняє Царство Небесне іншим людям. Не лише ви не потрапите на небеса, але також завадите іншим людям потрапити на небеса.

Люди, які говорять, що вірять в Бога, але продовжують іти на компроміс із цим світом, є саме такими людьми, яким докоряв Ісус. Якщо у церкві особа, яка обіймає посаду учителя, проявляє ненависть до іншої людини, гнівається або чинить непокору, чи може новий християнин довіряти такій людині, не кажучи вже про повагу до неї? Цілком імовірно вони розчаруються або навіть зневіряться. Якщо серед невіруючих є такі, чий чоловік або дружина намагаються зміцнити свою віру, але вони або переслідують їх, або змушують діяти у неправді і брати участь у гріху, вони також отримають догану: «Горе вам».

2. Коли людина навертається до віри, робити з неї сина пекла, вдвоє гіршого від вас

В Євангелії від Матвія 23:15 Ісус сказав: «Горе вам, книжники та фарисеї, лицеміри, що обходите море та землю, щоб придбати нововірця одного; а коли те стається, то робите його сином геєнни, вдвоє гіршим від вас!»

Існує стара приказка, що невістка, яка натерпілася від свекрухи, ще гірше зробить своїй невістці. Те, що людина бачить і відчуває, врізається в її пам'ять, і людина підсвідомо чинить так, як чинили з нею. Тому те, що ви вивчаєте, і у кого ви навчаєтесь, дуже важливо. Якщо ви навчаєтеся християнства у людей, схожих на книжників і фарисеїв, це ніби сліпий веде сліпого. Вас поглине зло, так само як і їх.

Наприклад, якщо лідер завжди осуджує і звинувачує інших, розпускає плітки і говорить погано про когось, віруючі, які навчаються у цієї людини, також заразяться його діями і разом підуть шляхом смерті. У суспільстві, діти, які зростають у домівках, де батьки постійно сперечаються і ненавидять один одного, мають більший шанс, що їх введуть в оману, ніж діти, які виховуються у спокійному середовищі.

Тому батьки, вчителі та інші лідери повинні бути кращим прикладом, вищим за інших. Якщо слова і вчинки таких людей не є зразковими, вони дійсно змусять інших спіткнутися. Навіть у церкві бувають випадки, коли служитель або лідер не є взірцем. Тоді це стає на заваді відродженню або росту їхньої малої групи, відділення або організації. Ми повинні розуміти, що якщо ми чинимо так, ми змушуємо не лише себе, але й інших людей ставати синами пекла.

3. Проголошувати Божу волю неправильно внаслідок пожадливості і брехні

В Євангелії від Матвія 23:16-22 Ісус сказав: «Горе вам, проводирі ви сліпі, що говорите: Коли хто поклянеться храмом, то нічого; а хто поклянеться золотом храму, то той винуватий. Нерозумні й сліпі, що бо більше: чи золото, чи той храм, що освячує золото? І: Коли хто поклянеться жертівником, то нічого, а хто поклянеться жертвою, що на нім, то він винуватий. Нерозумні й сліпі, що бо більше: чи жертва, чи той жертівник, що освячує жертву? Отож, хто клянеться жертівником, клянеться ним та всім, що на ньому. І хто храмом клянеться, клянеться ним та Тим, Хто живе в нім. І хто небом клянеться, клянеться Божим престолом і

Тим, Хто на ньому сидить».

Ці слова – догана тим, хто неправильно навчає інших Божій волі через пожадливість, обман, егоїзм, який живе у серці людей. Якщо людина клянеться або дає обітницю Богові, вчителі повинні навчати, що необхідно виконати свою обітницю. Але вчителі навчали людей не звертати на це уваги і просто виконувати обітниці, які стосуються грошей або матеріальних речей. Якщо служитель не навчає інших людей жити в істині, а підкреслює лише важливість пожертвувань, тоді це сліпий лідер.

Перш за все лідер повинен навчати людей, що необхідно покаятися у своїх гріхах, виховувати праведність Божу, а потім про входження до Небесного Царства. Дати клятву біля храму, Ісуса Христа, олтаря і небесного престолу – це одне і те саме, тому людина має бути впевнена у тому, що виконає клятву.

4. Зневажати найважливіші пункти Закону

В Євангелії від Матвія 23:23-24 Ісус сказав: «Горе вам, книжники та фарисеї, лицеміри, що даєте десятину із м'яти, і ганусу й кмину, але найважливіше в Законі покинули: суд, милосердя та віру; це треба робити, і того не кидати. Проводирі ви сліпі, що відціджуєте комаря, а верблюда ковтаєте!»

Людина, яка щиро вірить в Бога, віддаватиме десятину. Якщо ми віддаємо повну десятину, ми отримуємо благословення, а якщо ні – ми обкрадаємо Бога (Книга Пророка Малахії 3:8-10). Так, книжники і фарисеї віддавали десятину, але Ісус зневажав їх за те, що вони нехтували судом, милосердям та вірою. Тож що означає зневажати суд, милосердя та віру?

«Суд» -- це коли людина позбавляється гріхів, живе відповідно до Божого Слова, покірна Богові з вірою. Бути «покірним» відповідно до земних стандартів означає слухатися і робити те, що ви можете робити. Однак в істині бути «покірним» означає коритися і виконувати таке, що, здається, виконати неможливо.

В Біблії пророки, яких визнавав Бог, корилися Його слову з вірою. Вони розділяли Червоне море, руйнували стіни Єрихону і зупиняли води ріки Йордан. Якби вони покладалися на свої людські думки у тих ситуаціях, ті події ніколи б не відбулися. Але, маючи віру, вони скорилися Богові і зробили ті події можливими.

«Милосердя» -- це повне виконання вашого обов'язку як людини в усіх аспектах вашого життя. Існують основні норми моральної поведінки і етики у цьому світі, яких люди мають дотримуватися, щоб залишатися людьми. Однак, ці норми не бездоганні. Навіть якщо людина зовні здається культурною і шляхетною, якщо вона має зло всередині, ми не можемо стверджувати, що вона дійсно шляхетна. Щоб прожити дійсно достойне життя, ми повинні у повній мірі здійснювати обов'язок людини – виконувати Божі заповіді (Книга Екклезіяста 12:13).

Також «віра» -- це участь у божественній природі Бога завдяки вірі (2 Послання Петра 1:4). Божа ціль створення неба і землі і всього, що на них, а також людства, -- отримати істинних дітей, які відображають серце Бога. Бог наказав нам бути правдивими, тому що він є істина, бути бездоганними, тому що Він без гріха. Ми не повинні мати лише зовнішню святість. Лише позбувшись зла зі свого серця і повністю виконуючи Його заповіді, ми можемо дійсно взяти участь у божественній природі Бога.

Однак, книжники і фарисеї, які жили за часів Ісуса, зневажали суд, милосердя і віру і зосереджували свою увагу на пожертвуваннях і жертвах. Богові набагато більше подобається серце, що розкаюється, а не жертви, принесені з неправдивим серцем (Псалом 50:16-17). Однак, вони навчали тому, що не узгоджувалося з Божою волею. Людина, яка навчає інших, спершу повинна вказувати на гріхи людей, допомагати їм приносити гідні плоди покаяння і допомагати їм мати мир з Богом. Потім вони повинні навчати про те, що треба віддавати десятину, про процедуру богослужіння, молитви і таке інше доки вони не досягнуть повного спасіння.

5. Зовні бути чистим, а всередині бути сповненим крадіжок і потуранням своїм бажанням

В Євангелії від Матвія 23:25-26 Ісус сказав: «Горе вам, книжники та фарисеї, лицеміри, що чистите зовнішність кухля та миски, а всередині повні вони здирства й кривди! Фарисею сліпий, очисти перше середину кухля, щоб чистий він був і назовні!»

Якщо ви поглянете на чисту кришталеву склянку, ви побачите, що вона чиста і гарна. Однак, в залежності від того, що ви покладете всередину, вона може засяяти ще прекрасніше, або забруднитися. Якщо налити у таку склянку брудну воду, вона стане брудною. Так само, навіть якщо людина зовні здається Божою людиною, якщо її серце сповнене зла, Бог, Який бачить серце, побачить бруд, який всередині, і вважатиме ту людину брудною.

У стосунках між людьми також, незалежно від того, наскільки чистою, гарно вдягненою, вихованою може здаватися людина зовні, якщо ми дізнаємося, що вона сповнена ненависті, заздрості, ревнощів і зла, ми відчуємо нечистоту і сором. Тож що відчуватиме Бог, Котрий є праведність і істина, побачивши таких людей? Тому ми повинні дивитися на себе крізь призму Божого Слова і покаятися у своїй розпусті і пожадливості, намагатися досягти чистого серця. Якщо ми діємо відповідно до Божого Слова і продовжуємо позбуватися гріхів, наші серця стануть чистими, тож наш зовнішній вигляд звичайно стане чистим і святим.

6. Бути схожими на гроби побілені

В Євангелії від Матвія 23:27-28 Ісус сказав: «Горе вам, книжники та фарисеї, лицеміри, що подібні до гробів побілених, які гарними зверху здаються, а всередині повні трупних кісток та всякої нечистоти! Так і ви, назовні здаєтеся людям за праведних, а всередині повні лицемірства та беззаконня!»

Незалежно від того, скільки грошей ви витратили на те, щоб прикрасити гроб, кінець кінцем, що буде лежати всередині? Труп, що розкладається, який скоро перетвориться на жменю пороху земного! Тому побілений гроб символізує лицемірів, які виглядають добре доглянутими лише зовні. Вони виглядають добрими, лагідними і розсудливими зовні, дають поради і сварять інших, тоді як всередині вони насправді повні ненависті, заздрощів, ревнощі, перелюбства та іншого.

Якщо ми говоримо, що віримо в Бога, але тримаємо ненависть у своєму серці, засуджуючи інших, тоді ми бачимо заскалку в оці інших людей, але не бачимо колоди у своєму власному оці. Це називається лицемірством. Подібне можна сказати про невіруючих людей. Мати серце, схильне до зради свого чоловіка або дружини, до нехтування своїми дітьми, до зневажання батьків, до висміювання істини і осудження інших людей також є лицемірством.

7. Вважати себе праведною людиною

В Євангелії від Матвія 23:29-33 Ісус сказав: «Горе вам, книжники та фарисеї, лицеміри, що пророкам надгробники ставите, і праведникам прикрашаєте пам'ятники, та говорите: Якби ми жили за днів наших батьків, то ми не були б спільниками їхніми в крові пророків. Тим самим на себе свідкуєте, що сини ви убивців пророків. Доповніть і ви міру провини ваших батьків! О змії, о роде гадючий, як ви втечете від засуду до геєнни?»

Лицемірні книжники і фарисеї ставили надгробки пророкам і прикрашали пам'ятники праведників, промовляючи: «Якби ми жили за днів наших батьків, то ми не були б спільниками їхніми в крові пророків». Однак це неправда. Книжники і фарисеї не лише не впізнали Ісуса, Який прийшов як Спаситель, але й не прийняли Його і зрештою прибили цвяхами до хреста і вбили. Як вони могли називати себе більш праведними, ніж їхні предки?

Ісус ставився з презирством до тих лицемірних лідерів, промовляючи: «Доповніть і ви міру провини ваших батьків». Коли людина грішить, якщо вона має навіть натяк на совість, вона відчує провину і перестане грішити. Але є також люди, які не відвертаються від своїх лихих вчинків до самого кінця. Саме це мав на увазі Ісус, коли говорив «доповніть». Такі люди стали дітьми диявола, родом гадючим і діяли ще з більшим злом.

Так само, якщо людина чує правду і відчуває докори сумління, однак вважає себе праведною і відмовляється покаятися, тоді вона не відрізняється від людини, яка доповнює міру провини, у якій винні її предки. Ісус сказав, що якщо ці люди не покаються і не принесуть гідних плодів покаяння, тоді вони не зможуть уникнути засудження до пекла.

Отже, ми повинні розглядати себе через призму кари Ісуса, яку Він наклав на книжників і фарисеїв, і дивитися, якщо є щось, що стосується нас, і швидко позбуватися того. Сподіваюся, що ви, шановні читачі, будете праведними людьми, які ненавидять зло, тримаються добра, тим самим прославляючи Бога і маючи благословенне життя, а також виконання бажань вашого серця!

Словник і подальше роз'яснення

Що таке «зрощення людства»?

«Зрощення» або оброблювання – це процес, коли фермер сіє зерно, піклується про нього і збирає врожай. Щоб отримати істинних дітей, Бог посадив Адама і Єву тут, на цій землі, як перші плоди. Після гріхопадіння Адама люди стали грішними, а отримавши Ісуса Христа і допомогу Святого Духа вони змогли відновити справжній образ Бога, який колись був в них. Тож весь процес створення Богом людини і наглядання за всією історією людства до останнього суду називається «зрощенням людства».

Різниця між «тілом», «плоттю» і «тілесним»

Зазвичай, коли ми говоримо про тіло людини, ми використовуємо слово «тіло» і «плоть» поперемінно. Однак, в Біблії кожне з цих слів має особливе духовне значення. Буває так, коли слово «плоть» використовується для того, щоб висловитись про тіло людини, але у духовному розумінні це стосується всього, що розкладається, змінюється, що некорисне і брудне.

Перший чоловік, Адам, був живим духом, він не мав гріха. Однак, спокусившись через сатану і з'ївши плід з дерева знання добра і зла, він мав померти, тому що заплата за гріх смерть (Книга Буття 2:17; Послання до римлян 6:23). Бог посадив знання життя, істини у людину під час творіння. Образ або форма людини без цієї істини, яка витекла після гріха Адама, називається «тілом». А гріховна природа у поєднанні з цим тілом називається «плоттю». Ця плоть не має видимої форми, але це гріховна природа, яка може бути спровокована і може вийти у будь-який час.

Ґрунт серця людини

В Біблії говориться про серце людини як про різні види ґрунту: край дороги, кам'янистий ґрунт, ґрунт, порослий терном, і добрий ґрунт (Євангеліє від Марка, глава 4).

Ґрунт край дороги означає жорстке і затверділе серце. Навіть якщо зерно Божого Слова посаджене у таке серце, насіння не проросте і не принесе плода; тому людина не отримає спасіння.

Кам'янистий ґрунт означає людину, яка розуміє Боже Слово розумом, але не може повірити серцем. Слухаючи Слово, людина може взяти зобов'язання застосовувати все вивчене, але коли настають важкі випробування, вона не може зберегти свою віру.

Ґрунт, порослий терном, означає серце людини, яка слухає, розуміє і застосовує на практиці Боже Слово у своєму житті, але не може подолати спокуси цього світу. Вона спокушається тривогами цього світу, пожадливістю і плотськими бажаннями, так що випробування і нещастя переслідують її, і вона не може рости духовно.

Добра земля означає серце людини, в яке потрапило Боже Слово, і воно дало у 30, 60 і 100 разів більший врожай. І така людина завжди має Божі благословення і відповіді від Бога.

Роль сатани і диявола

Сатана – це істота, яка має силу темряви, яка змушує людей робити лихе. Вона не має конкретної форми. Ця істота постійно поширює свою темну сутність, думки і силу чинити лихе у повітрі, наче радіохвилі. І коли неправда в серці людини ловить ці частоти, сатана використовує думки людини, щоб вилити свою темну силу у неї. Це ми називаємо «отримувати справу сатани» або «слухати голос сатани».

Диявол – це частина ангелів, яка відпала разом з Люципером. Вони одягнені у чорне, мають риси обличчя, руки і ноги як у людини або у ангела. Він приймає накази сатани і підтримує і дає накази численній кількості демонів, щоб вони приносили хвороби людям і змушували їх чинити гріхи і зло.

Властивість посудини і властивість серця

Людей називають «посудинами». Ознака посудини людини залежить від того, наскільки добре вона слухає Боже Слово і закарбовує його у своєму серці, а також наскільки добре вона виконує його у вчинках віри. Властивість посудини залежить від матеріалу, з якого вона виготовлена. Якщо людина має добру властивість посудини, вона може стати освяченою дуже швидко, і вона може проявляти духовну силу у більших масштабах. Щоб зростити добру властивість посудини, людина повинна належним чином слухати Слово і закарбовувати його у центрі свого серця. Те, наскільки старанно людина виконує вивчене, визначає якість посудини.

Властивість серця залежить від того, наскільки широко використовується серце, а також від розміру посудини. Існують випадки, коли 1) людина не має здібностей, 2) людина лише наповнює свою ємність, 3) неохоче наповнює мінімум ємності і 4) коли краще все припинити, щоб людина навіть не починала свою роботу через те зло, яке вона робить. Якщо властивість серця людини мала і їй щось бракує, людина повинна працювати над тим, щоб розширити і збільшити своє серце.

Праведність з точки зору Бога

Перший рівень праведності – це позбуття гріхів. На цьому рівні людина виправдовується тим, що приймає Ісуса Христа і отримує Святого Духа. Потім людина виявляє свої гріхи і старанно молиться, щоб позбутися їх. Богові це подобається, Він відповідає на молитви людини і благословляє її.

Другий рівень праведності – виконання Слова. Після того, як людина позбулася гріхів, вона наповнює себе Божим Словом і може залишатися йому вірним. Наприклад, якщо людина почула про те, що не треба ненавидіти нікого, вона позбудеться ненависті і намагатиметься любити всіх. Таким чином вона буде виконувати Боже Слово. Тепер вона отримує благословення бути завжди здоровим, і на кожну принесену нею молитву, людина отримує відповідь.

Третій рівень праведності – догодження Богові. На цьому рівні людина не лише позбувається гріхів, але також завжди чинить відповідно до Божої волі. Людина присвячує своє життя виконанню свого покликання. Якщо людина досягла цього рівня, Бог відповідає на її найменші бажання, які зародилися в її серці.

Про правду

«...а про правду, що Я до Отця Свого йду, і Мене не побачите вже» (Євангеліє від Івана 16:10)

«І ввірував Аврам ГОСПОДЕВІ, а Він залічив йому те в праведність». (Книга Буття 15:6)

«Кажу бо Я вам: коли праведність ваша не буде рясніша, як книжників та фарисеїв, то не ввійдете в Царство Небесне!» (Євангеліє від Матвія 5:20)

«А тепер, без Закону, правда Божа з'явилась, про яку свідчать Закон і Пророки. А Божа правда через віру в Ісуса Христа в усіх і на всіх, хто вірує, бо різниці немає». (Послання до римлян 3:21-22)

«...наповнені плодів праведности через Ісуса Христа, на славу та на хвалу Божу». (Послання до филип'ян 1:11)

«...Наостанку мені призначається вінок праведности, якого мені того дня дасть Господь, Суддя праведний; і не тільки мені, але й усім, хто прихід Його полюбив». (2 Послання Тимофію 4:8)

«...І здійснилося Писання, що каже: Авраам же ввірував Богові, і це йому зараховане в праведність, і був названий він другом Божим». (Послання Якова 2:23)

«Цим пізнаються діти Божі та діти дияволові: Кожен, хто праведности не чинить, той не від Бога, як і той, хто брата свого не любить!» (1 Послання Івана 3:10)

Розділ 6

Праведність, що веде до життя

«Ось тому, як через переступ одного на всіх людей прийшов осуд, так і через праведність Одного прийшло виправдання для життя на всіх людей».
(Послання до римлян 5:18)

Я зустрів живого Бога через сім років після того, як був прикутий до ліжка хворобою. Я не лише отримав зцілення від усіх хвороб вогнем Святого Духа, але після покаяння у гріхах я також отримав вічне життя, що дозволило мені жити на небесах вічно. Я був дуже вдячний за Божу благодать, що відколи я почав ходити у церкву я перестав вживати алкоголь і перестав пригощати інших алкогольними напоями.

Були часи, коли один з моїх родичів висміював церкви. Не маючи можливість стримати себе, я гнівно промовив: «Чому ви погано говорите про Бога і негативно відгукуєтесь про церкву і пастора?» Оскільки я був малою дитиною у християнстві, я думав, що мої дії виправдані. Тільки пізніше я зрозумів, що моя поведінка була неправильною. Праведність, як я розумів її, повинна бути ініціативною, але не такою є праведність в очах Бога. Все завершилося сваркою і лайкою.

Якою мала бути праведність з точки зору Бога у такій ситуації? Треба було спробувати зрозуміти іншу людину з любов'ю. Якщо ви подумаєте про той факт, що вони діють так тому, що не знають Господа і Бога, тоді немає причини сваритися з ними. Істинна праведність полягає у тому, щоб молитися про них з любов'ю і шукати мудрий спосіб, щоб євангелізувати їх, щоб допомогти їм стати дитиною Бога.

Праведність в очах Бога

У Книзі Вихід 15:26 написано: «Коли дійсно будеш ти слухати голосу ГОСПОДА, Бога твого, і будеш робити слушне в очах Його...» Цей вірш говорить про те, що праведність в очах людини і праведність в очах Бога безсумнівно різні.

У нашому світі помста часто вважається правильним вчинком. Однак Бог говорить нам, що любити всіх людей і навіть ворогів – це праведність. Також у світі вважається праведним, коли хтось бореться, щоб досягти на його думку правди, навіть зруйнувавши мир з іншими людьми. Але Бог не вважає людину праведною, якщо вона порушує мир з іншими людьми лише тому, що вона вважає правильною свою точку зору.

Також у цьому світі, незалежно від того, скільки зла ви маєте у своєму серці: ненависть, розбрат, заздрість, ревнощі, гнів, егоїзм, якщо ви не порушуєте закон держави і не чините видимий гріх, ніхто не може назвати вас неправедною людиною. Однак, навіть якщо ви не чините явних гріхів, якщо ви маєте зло у своєму серці, Бог називає вас неправедною людиною. Поняття людини про праведність і аморальність змінюється залежно від людей, місця і поколінь. Тому, щоб встановити справжній стандарт праведності і аморальності, ми повинні встановити стандарт Бога. Те, що Бог називає праведністю, є істинною праведністю.

Отже, що робив Ісус? У Посланні до римлян 5:18 написано: «Ось тому, як через переступ одного на всіх людей прийшов осуд, так і через праведність Одного прийшло виправдання для життя на всіх людей». Тут під «переступом одного» мається на увазі гріх Адама, батька всього людства, а під «праведністю Одного» мається на увазі покірність Ісуса, Сина Божого. Він здійснив праведний вчинок: привів багатьох людей до життя. Давайте детальніше розглянемо, що таке праведність, яка веде людей до життя.

Один вчинок праведності, який спасає всіх людей

У Книзі Буття 2:7 ми читаємо про те, що Бог створив першого чоловіка, Адама, за Своїм образом. Потім Він вдихнув у його ніздрі і зробив його живим духом. Як новонароджена дитина, він був чистий, як білий аркуш паперу. Він був новим. Так само, як дитина зростає і починає збирати і використовувати знання внаслідок почутого і побаченого, він був навчений Богом про гармонію всього всесвіту, закони духовного царства і слова істини.

Бог навчив Адама всьому, що йому було потрібно знати, щоб жити як володар творіння. Бог заборонив лише одне. Адам міг їсти вільно з кожного дерева в еденському раю окрім дерева знання добра і зла. Бог суворо попередив його, що у день, коли він їстиме з того дерева, напевно помре (Книга Буття 2:16-17).

Однак, минуло багато часу, і Адам не відзначив ті слова, його спокусив змій, і він їв заборонений плід. В результаті його зв'язок з Богом розірвався, і як сказав Бог: «Ти напевно помреш», дух Адама, який був живим духом, помер. Оскільки він не скорився Божому Слову, але послухався слів ворога-диявола, він став дитиною диявола.

У 1 Посланні Івана 3:8 написано: «Хто чинить гріх, той від диявола, бо диявол грішить від початку». А в Євангелії від Івана 8:44 написано: «Ваш батько диявол, і пожадливості батька свого ви виконувати хочете. Він був душогуб споконвіку, і в правді не встояв, бо правди нема в нім. Як говорить неправду, то говорить зо свого, бо він неправдомовець і батько неправді».

Якщо Адам – той, хто не послухався і зогрішив, тоді чому його нащадки також грішники? Дитина зазвичай схожа на своїх батьків, особливо зовнішньо. Але також її особисті риси і навіть хода зазвичай схожі на батьків. Це тому що дитина успадковує те, що відоме як батьківське «чі», або «дух», або «життєва сила», і так само як життєва сила передається дитині, гріховна природа батьків також передається дитині (Псалом 50:7). Новонароджену дитину ніхто не вчив кричати і збуджуватися, вона це робить самостійно. Це тому що гріховна природа міститься у життєвій силі, яка переходить від покоління до покоління від самого Адама.

Окрім первинних гріхів, які успадковує людина, вона

також продовжує чинити гріхи самостійно, тому її серце все більше забруднюється гріхами. А далі гріхи передаються її дітям. З часом світ затоплюється гріхом. Тож яким чином людина, яка стає дитиною диявола, може відновити стосунки з Богом?

Бог знав з самого початку, що людина вчинить гріх. Тому Він приготував план спасіння і заховав його. Спасіння людства через Ісуса Христа – це була таємниця, прихована від початку часів. Тому Ісус Христос, який був безгрішний і не мав жодної вади, взяв на Себе прокляття, був повішений на хресті, щоб відкрити шлях спасіння для людства, яке було приречене на смерть. Завдяки цьому вчинку праведності Ісуса Христа багато людей, які колись були грішниками, звільнилися від смерті і здобули життя.

Початок праведності – віра в Бога

Бути «праведною» людиною означає бути доброчесною і високоморальною особистістю. Однак, «праведність» з точки зору Бога – це покора з вірою через благовіння до Нього, звільнення від гріха і виконання Його заповідей (Книга Екклезіястова 12:13). Але понад усе Біблія називає невіру в Бога гріхом (Євангеліє від Івана 16:9). Тому простий вчинок віри в Бога – це вчинок праведності, і це є першою умовою для виконання, якщо людина бажає стати праведною.

Як можна назвати людину праведною або порядною, якщо вона зневажає і зраджує своїх батьків, які народили її? Люди показуватимуть пальцем на таку людину і називатимуть її грішником, що не має нічого спільного з людяністю. Також якщо людина не буде вірити у Бога-

Творця, Який створив нас, якщо вона не буде називати Його Отцем, і на завершення якщо вона служить ворогу-дияволу, якого Бог ненавидить найбільше, тоді це стає смертним гріхом.

Отже, щоб стати праведною людиною, насамперед ви повинні вірити в Бога. Так само, як Ісус мав абсолютну віру в Бога і виконував Його накази. Мати віру в Бога означає вірити у той факт, що Бог – Господь всього творіння, Який створив весь всесвіт і нас, Який одноосібно управляє життям і смертю всіх людей. А також треба мати віру у те, що Бог існував завжди, що Він – перший і останній, начало і кінець. Треба вірити, що Він – основний суддя, який підготував небо і землю, Хто буде судити кожного справедливо. Бог послав Свого однородженого Сина у цей світ, щоб відкрити шлях спасіння для нас. Отже, віра в Ісуса Христа і спасіння – це, по суті, віра в Бога.

Отже, є дещо, що Бог просить у всіх Своїх дітей, які проходять крізь двері спасіння. У цьому світі громадяни певної країни повинні виконувати закони цієї країни. Так само, якщо ви стали громадянином Небесного Царства, ви повинні виконувати закони небес, тобто Боже Слово, яке є істиною. Наприклад, оскільки у Книзі Вихід 20:8 сказано: «Пам'ятай день суботній, щоб святити його!» ви повинні виконувати Божий закон і зробити його найвищим пріоритетом, святячи день суботній і не йдучи на компроміс із цим світом. Ми повинні робити це, тому що Бог вважає таку віру і покору праведністю.

Через Ісуса Христа Бог поінформував нас про закон праведності, який веде нас до життя. Якщо ми виконуємо закон, ми стаємо праведними, ми можемо потрапити на небеса, ми можемо отримати Божу любов і благословення.

Праведність Ісуса Христа, за яку ми повинні змагатися

Навіть Ісус, Божий Син, досяг праведності, повністю виконуючи Божі закони. Крім того, коли Він був тут, на землі, Він не показав навіть натяк на зло. Оскільки Він був зачатий Святим Духом, Він не мав первинного гріха. І оскільки Він не мав думок і нічого лихого, також Він не вчинив гріха.

Найчастіше люди роблять лихі вчинки тому що мають аморальні думки. Жадібна людина спершу подумає: «Як я можу збагатитися? Як я можу забрати майно тієї людини собі?» Тоді така людина насадить цю думку у своєму серці. І коли її серце збудиться, ймовірніше, вона вчинить щось лихе. Оскільки людина має пожадливість у своєму серці, її спокушає сатана через думки, і коли вона приймає цю спокусу, вона зрештою робить лихі вчинки: обманює, привласнює чуже майно і краде.

У Книзі Йова 15:35 написано: «Він злом вагітніє, й породить марноту, й оману готує утроба його...» У Книзі Буття 6:5 написано, що перед тим, як Бог покарав цю землю потопом, розбещення людини було великим на землі, і ввесь нахил думки серця її тільки зло повсякденно. Оскільки серце лихе, розум також лихий. Однак, якщо у вашому серці немає зла, сатана не зможе діяти через думки, щоб спокусити нас. Як написано, що те, що виходить із уст, те походить із серця (Євангеліє від Матвія 15:18), якщо серце не лихе, з нього не походять лихі думки або вчинки.

Ісус, Який не мав первинного гріха і власне вчинених

гріхів, мав серце, яке саме по собі було святістю. Отже, всі вчинки Ісуса завжди були добрими. Оскільки Його серце було праведним, Він мав лише праведні думки і Він робив лише праведні вчинки. Щоб нам стати праведними людьми, ми повинні охороняти свої думки, позбавляючись зла зі свого серця, тоді наші вчинки також будуть розсудливими.

Якщо ми коримося і точно виконуємо те, що написано в Біблії «Робити, не робити, виконувати і позбуватися», серце Бога, або істина, житиме у нашому серці, так що ми не будемо грішити у своїх думках. І наші вчинки також стануть розсудливими, отримавши керівництво і напрям Святого Духу. Бог говорить: «Святіть день суботній», тож ми святимо неділю. Він говорить: «Моліться, любіть і поширюйте Євангеліє», тож ми молимося, любимо і поширюємо Євангеліє. Він говорить: «Не крадіть, не чиніть перелюбу», тому ми цього не робимо.

І оскільки Він наказав нам позбутися навіть форм зла, ми продовжуємо позбуватися неправди: заздрості, ревності, ненависті, перелюбства, обману та іншого. І якщо ми тримаємося Божого Слова, тоді неправда зникає з нашого серця, і там залишається лише правда. Якщо ми вирвемо гіркий корінь гріха зі свого серця, гріх вже не зможе увійти туди через наші думки. Тому, що б ми не бачили, ми бачимо це через призму добра, що б ми не говорили, що б ми не робили, ми також говоримо і чинимо з добром, яке походить з нашого серця.

У Книзі Приповістей 4:23 написано: «Над усе, що лише стережеться, серце своє стережи, бо з нього походить життя». Праведність, яка веде до життя, або джерело життя, починається з охорони серця. Для того, щоб ми могли отримати життя, ми повинні триматися праведності, а саме істини, у своєму серці і жити за нею. Тому так важливо охороняти розум і серце людини.

Але оскільки дуже багато лихого всередині нас, неможливо позбутися цього, докладаючи лише власних зусиль. Окрім власних зусиль нам також необхідно додати силу Святого Духа. Тому нам потрібна молитва. Коли ми молимося вогняними молитвами, Божа благодать і сила сходить на нас і ми наповнюємося Святим Духом. Тоді ми можемо позбутися гріхів!

У Посланні Якова 3:17 написано: «А мудрість, що зверху вона, насамперед чиста...» Це означає, що коли ми позбуваємося гріхів зі свого серця і зосереджуємося лише на праведності, тоді мудрість, що зверху, сходить на нас. Якою б великою не була мудрість світу, її неможливо порівняти з мудрістю, що згори. Мудрість цього світу походить від людини, яка обмежена і не може передбачати майбутнє. Однак, мудрість, яка згори, посилається Всемогутнім Богом, тож ми можемо дізнаватися про майбутнє і підготуватися до того, що відбудеться.

В Євангелії від Луки 2:40 написано, що Ісус «ріс та зміцнявся духом, набираючись мудрості». Написано, що коли Ісусу виповнилося дванадцять років, Він був такий мудрий, що навіть рабини, які досконально знали Закон, благоговіли від Його мудрості. Оскільки розум Ісуса був зосереджений лише на праведності, Він отримав мудрість згори.

У 1 Посланні Петра 2:22-23 написано: «Не вчинив Він гріха, і не знайшлося в устах Його підступу! Коли був лихословлений, Він не лихословив взаємно, а коли Він страждав, не погрожував...» З цього вірша ми дізнаємося про серце Ісуса. Також в Євангелії від Івана 4:34, коли учні принесли їжу, Ісус сказав: «Пожива Моя чинити волю Того, Хто послав Мене, і справу Його довершити». Оскільки серце і розум Ісуса були зосереджені на праведності, всі Його дії завжди були розсудливими.

Ісус був не лише вірний у вчиненні Божої справи, Він був вірний в «усьому Божому домі». Навіть помираючи на хресті, Він передоручив Діву Марію Іванові, щоб бути впевненим, що про неї потурбуються. Отже, Ісус повністю завершив Свій земний обов'язок як людина, проповідуючи Євангеліє Небесного Царства і зціляючи хворих силою Бога. Зрештою Він завершив Свою місію приходу на землю, прийнявши хрест, щоб подбати про гріхи і слабкість людей. Так Він став Спасителем людства, Царем над царями, Паном над панами.

Як стати праведною людиною

Отже, що ми маємо робити як діти Божі? Ми повинні стати праведними людьми, виконуючи Божі закони, являючи це у своїх вчинках. Оскільки Ісус став найбільшим взірцем для всіх нас, виконуючи і застосовуючи на практиці всі Божі закони, ми повинні робити те саме, дивлячись на Його приклад.

Застосовувати на практиці Божі закони означає виконувати Його заповіді і не ганьбитися, споглядаючи на Його закони. Десять заповідей – це основний приклад Божих заповідей. Можна розглядати Заповіді як всі Божі заповіді, записані у 66 книжках Біблії, але більш стислими.

Кожна з Десяти Заповідей має глибоке духовне значення. Коли ми розуміємо істинне значення кожної заповіді і живемо за ними, Бог називає нас праведними.

Ісус сказав, що існує найбільша і найперша заповідь: любити Бога всім серцем, всією душею, всім розумом. Друга заповідь: любити свого ближнього як самого себе (Євангеліє від Матвія 22:37-39).

Ісус виконував і застосовував на практиці всі ці заповіді. Він ніколи не сварився і не кричав. Ісус молився весь час, рано вранці або всю ніч. Також Він виконував всі закони. «Закони» -- це правила, які Бог встановив для нас, наприклад, відзначати Пасху або віддавати десятину. Є запис про те, як Ісус пішов в Єрусалим, щоб як і всі юдеї, відсвяткувати Пасху.

Християни – духовні євреї, вони продовжують берегти єврейські обряди і стежити за їхнім духовним значенням. Християни обрізають свої серця так само, як у часи Старого Заповіту це фізично робили євреї. Вони поклоняються у дусі та істині на богослужіннях, дотримуючись духовного значення приношення жертви Богові, яке робили у часи Старого Заповіту. Коли ми виконуємо Божі закони і застосовуємо їх на практиці, ми отримуємо істинне життя і стаємо праведними. Господь подолав смерть і воскрес. Отже, ми також можемо мати вічне життя через воскресіння праведності.

Благословення для праведних

Суперечки, ворожнеча і хвороби прийшли у цей світ, тому що люди неправедні. Беззаконня приходить внаслідок аморальності людини, а потім приходить біль і страждання.

Це тому що люди приймають вчинки диявола, батька гріхів. Якби не було беззаконня і неправди, не було б катастроф, страждання, злиднів, цей світ був би дійсно прекрасним місцем. Крім того, якщо ви стали праведною людиною в очах Бога, ви отримаєте великі благословення від Нього. Ви можете стати дійсно видатною і благословенною людиною.

У Книзі Повторення Закону 28:1-6 детально про це говориться: «І станеться, якщо дійсно будеш ти слухатися голосу ГОСПОДА, Бога свого, щоб додержувати виконання всіх Його заповідей, що я наказую тобі сьогодні, то поставить тебе ГОСПОДЬ, Бог твій, найвищим над усі народи землі. І прийдуть на тебе всі оці благословення, і досягнуть тебе, коли ти слухатимешся голосу ГОСПОДА, Бога свого. Благословенний ти в місті, і благословенний ти на полі! Благословенний плід утроби твоєї, і плід твоєї землі, і плід худоби твоєї, порід биків твоїх і котіння отари твоєї! Благословенний твій кіш та діжа твоя! Благословенний ти у вході своїм, і благословенний ти в виході своїм!»

Також у Книзі Вихід 15:26 Бог пообіцяв: якщо ми будемо чинити правду в очах Бога, Він не дасть нам жодних хвороб, які Він дав єгиптянам. Отже, якщо ми робитимемо праведне в очах Бога, ми будемо здорові. Ми можемо процвітати в усіх сферах свого життя, відчуваючи вічну радість і благословення.

Наразі ми розглянули, що таке праведність в очах Бога. Тепер, роблячи все відповідно до Божих законів і правил, не маючи жодних вад, живучи праведно в очах Бога, сподіваюся, що ви відчуєте Божу любов і благословення у повній мірі!

Словник

Віра і праведна людина

Є два види віри: «духовна віра» і «плотська віра». Якщо ви маєте «плотську віру», ви можете вірити лише у те, що збігається з вашими знаннями і думками. Така віра – віра без дій; отже, вона мертва, її не визнає Бог. Якщо ви маєте «духовну віру», ви вірите у все, що походить зі Слова Божого, незважаючи на те, що це може не збігатися з вашими знаннями або думками. Маючи таку віру, людина діє відповідно до Божого Слова.

Людина може мати таку віру лише якщо Бог дає її людині, а кожна людина має свою міру віри (Послання до римлян 12:3). У широкому масштабі віру можна розділити на п'ять рівнів: на першому рівні віри людина може отримати спасіння, на другому рівні людина намагається діяти відповідно до Божого Слова, на третьому рівні людина може повністю діяти відповідно до Слова, на четвертому рівні людина стає освяченою, позбувшись гріхів, і вона любить Господа найбільше у своєму житті, а на п'ятому рівні людина має віру, яка приносить абсолютну радість Богові.

«Праведниками» називають праведних людей.

Коли ми приймаємо Ісуса Христа і отримуємо прощення за свої гріхи завдяки Його дорогоцінній крові, ми отримуємо виправдання. Це означає, що ми виправдовуємось своєю вірою. Тепер, коли ми позбулись зла або неправди зі свого серця і намагаємося діяти в істині відповідно до Божого Слова, ми можемо перетворитися на дійсно праведних людей, яких Бог визнає праведними. Бог дуже радіє таким праведним людям, і Він відповідає на всі їхні молитви (Послання Якова 5:16).

Розділ 7

Праведний житиме вірою

*«Правда бо Божа з'являється в ній з віри
в віру, як написано:
А праведний житиме вірою».
(Послання до римлян 1:17)*

Коли людина робить добро сироті, вдові або нужденному сусіду, найчастіше її називають праведною. Якщо людина лагідна, добра, виконує закон, не гнівається, тиха і терпляча, її хвалять, промовляючи: «Цій людині навіть правила не потрібні». Тож чи дійсно це означає, що ця людина праведна?

У Книзі Пророка Осії 14:10 написано: «Хто мудрий, то це зрозуміє, розумний і пізнає, бо прості ГОСПОДНІ дороги, і праведні ходять по них, а грішні спіткнуться на них!» Це означає, що людина, яка живе за законами Бога, -- дійсно праведна.

Також в Євангелії від Луки 1:5-6 написано: «За днів царя юдейського Ірода був один священик, на ім'я Захарій, з денної черги Авія, та дружина його із дочок Ааронових, а ім'я їй Єлисавета. І обоє вони були праведні перед Богом, бездоганно сповняючи заповіді й постанови Господні». Це означає, що людина праведна лише тоді, коли застосовує на практиці закони Бога, а саме, всі заповіді і постанови Господа.

Стати дійсно праведною людиною

Незалежно від того, наскільки старанно людина намагається бути праведною, ніхто не праведний, тому що кожен має первинний гріх, який передається від предків, а також власні гріхи, інакше відомі як фактичні гріхи. У Посланні до римлян 3:10 написано: «Нема праведного ані одного». Єдиною праведною людиною був і є Ісус Христос.

Ісус, Котрий не мав ні первинного, ані фактичного гріха, пролив Свою кров і загинув на хресті, щоб заплатити за наші гріхи, Він воскрес із мертвих і став нашим Спасителем. У мить, коли ми повірили в Ісуса Христа, Який є шлях, істина і життя, наші гріхи змиваються вірою, і ми виправдані. Однак, лише те, що ми виправдані вірою, не означає, що більше нічого робити не треба. Так, коли ми повірили в Ісуса Христа, ми отримали прощення за свої гріхи і виправдались, однак, ми все ще маємо гріховну природу у своєму серці.

Тому у Посланні до римлян 2:13 написано: «Бо не слухачі Закону справедливі перед Богом, але виконавці Закону виправдані будуть». Це означає, що незважаючи на те, що ми виправдані вірою, ми можемо стати дійсно праведними лише якщо змінимо серце неправди на серце істини, діючи відповідно до Божого Слова.

У часи Старого Заповіту, перед тим, як прийшов Святий Дух, люди не могли повністю позбутися своїх гріхів самостійно. Тому, якщо вони не грішили у своїх вчинках, вони не вважалися грішниками. То були часи Закону, коли люди відплачували «око за око і зуб за зуба». Однак, Бог бажає, щоб ми робили обрізання свого серця або гріховної природи свого серця, і застосовували на практиці любов і милість. Отже, на відміну від людей, які жили за часів Старого Заповіту, люди, які живуть за часів Нового Заповіту, які приймають Ісуса Христа, отримують Святого Духа в дар і за допомогою Святого Духа вони мають право викорінювати гріховну природу із своїх сердець. Людина не може позбутися гріха і стати праведною за допомогою лише власної сили. Тому прийшов Святий Дух.

Отже, щоб стати дійсно праведною людиною, нам потрібна допомога Святого Духа. Коли ми благаємо Бога у молитвах, щоб стати праведними, Бог дає нам благодать і силу, і Дух Святий допомагає нам. Тому ми напевно можемо подолати гріх і відкинути гріховну природу, викорінивши її зі свого серця! Коли ми позбуваємося гріха, стаємо освяченими і досягаємо повної міри віри за допомогою Святого Духа, ми отримуємо більше Божої любові і стаємо дійсно праведними людьми.

Чому ми повинні стати праведними?

Ви можете запитати: «Чи насправді мені потрібно стати праведним? Чи не можу я просто вірити в Ісуса до якоїсь міри і жити звичайним життям?» Але у Книзі Об'явлення 3:15-16 Бог говорить: «Я знаю діла твої, що ти не холодний, ані гарячий. Якби то холодний чи гарячий ти був! А що ти літеплий, і ні гарячий, ані холодний, то виплюну тебе з Своїх уст...»

Богові не подобається «звичайна віра». Теплувата віра небезпечна, тому що дійсно важко підтримувати таку віру довгий час. Зрештою, така віра стає холодною. Так само, як тепла вода. Якщо ви залишите її на певний час, вона зрештою остигне і стане холодною. Бог говорить, що Він виплюне людей, які мають таку віру. Це означає, що люди, які мають таку віру, не отримають спасіння.

Тож тоді чому ми повинні бути праведними? Як написано в Посланні до римлян 6:23: «Бо заплата за гріх смерть», грішник належить ворогові-дияволу і прямує шляхом смерті. Тому грішник повинен відвернутися від гріха і стати праведним. Лише тоді грішник може звільнитися від нещасть, важких випробувань, хвороб, які посилає йому диявол. Оскільки людина живе у цьому світі, дуже ймовірно, що її спіткатимуть різноманітні сумні і важкі ситуації: хвороби, аварії і смерті. Однак, якщо людина стане праведною, вона не матиме з усім цим нічого спільного.

Отже, ми повинні уважно слухати слова Бога і виконувати всі Його заповіді. Якщо ми живемо праведно, ми можемо отримати всі благословення. Описані у Книзі Повторення Закону, главі 28. І якщо нашій душі ведеться добре, ми будемо процвітати і ми будемо здорові.

Але доки ви не станете праведною людиною, яка може отримувати всі ці благословення, труднощі будуть продовжуватися. Наприклад, щоб виграти золоту медаль на Олімпійських іграх, спортсмени посилено тренуються. Так само потроху Бог дозволятиме Своїм коханим дітям зазнавати певних випробувань і нещасть в межах їхньої здатності їх винести відповідно до міри їхньої віри, щоб їхній душі велося добре.

Бог сказав Авраамові залишити батьківський дім: «Ходи перед лицем Моїм, і будь непорочний!» (Книга Буття 17:1). Він виховував його і скеровував так, щоб він став дійсно праведним чоловіком. Зрештою, після того, як Авраам пройшов останнє випробування: принести у жертву цілопалення Богові свого єдиного сина Ісака, випробування завершились. Після того Авраам завжди мав благословення, і все у нього велося добре.

Бог виховує нас, щоб збільшити нашу віру і зробити нас праведними. Коли кожна людина проходить своє випробування, Бог благословляє її, а потім приводить до ще більшої віри. І через цей процес ми посилено зрощуємо серце Господа.

Слава, яку ми отримаємо на небесах, буде різною, в залежності від того, наскільки ми позбулися своїх гріхів і наскільки наші серця схожі на серце Христа. Як написано у 1 Посланні до коринтян 15:41: «Інша слава для сонця, та інша слава для місяця, та інша слава для зір, бо зоря від зорі відрізняється славою!» величина слави, яку ми отримаємо не небесах, залежить від того, наскільки праведними ми стали у цьому світі.

Бог бажає мати таких дітей, які мають справжні характеристики, щоб бути Його дітьми, які мають серце Господа. Такі люди увійдуть у Новий Єрусалим, де знаходиться Божий престол, і житимуть у місці слави, яке сяє, наче сонце.

Праведний житиме вірою

Отже, як ми повинні жити, щоб стати праведним людьми? Ми повинні жити за вірою, як написано у Посланні до римлян 1:17: «А праведний житиме вірою». Ми можемо поділити віру на дві основні категорії: плотська віра і духовна віра. Плотська віра – це віра, яка засновується на знанні віри, що у свою чергу засновується на причині.

Коли людина народжується і зростає, вона бачить, чує, вчиться у своїх батьків, вчителів, сусідів і друзів, накопичуючи знання у відділах пам'яті свого мозку. Якщо людина вірить лише тоді, коли це збігається з її знаннями, які вона вже має, це називається плотською вірою. Люди, які мають таку віру, вірять у те, що щось може бути створене з чогось, що вже до цього існувало. Але вони не можуть повірити або прийняти створення чогось із нічого.

Наприклад, вони не можуть повірити, що Бог створив небеса і землю Словом. Вони не можуть повірити у той факт, що Ісус вгамував бурю, заборонивши вітрові, і наказавши морю стихнути: «Мовчи, перестань!» (Євангеліє від Марка 4:39). Бог відкрив рота ослиці, змусивши її заговорити. Він зробив так, що Мойсей розділив Червоне море своїм жезлом. Він навіть змусив товсті стіни Єрихону розвалитися після того, як ізраїльтяни просто ходили навколо міста і кричали. Ці події незрозумілі з точки зору звичайних знань і міркувань людини.

Як море може розділитися, коли хтось просто підніме свій жезл? Однак, якщо Бог, для Якого немає нічого неможливого, робить так, це відбувається! Людина, яка говорить, що вірить в Бога, проте не має духовної віри, не повірить, що ці події дійсно відбулися. Тому людина, яка має плотську віру, не має істинної віри, тому, звичайно, вона не може коритися Божому Слову. Отже така людина не може отримувати відповіді на свої молитви і отримати спасіння. Тому така віра називається «мертвою вірою».

І навпаки, духовна віра, коли людина вірить у створення чогось із нічого, називається «живою вірою». Люди, які мають таку віру, зламають свої думки плоті а також не будуть намагатися зрозуміти випадок або ситуацію, засновуючись на власному знанні і думках. Люди, які мають духовну віру, мають віру прийняти все, що записано в Біблії таким, як воно є. Духовна віра – це віра, яка вірить у неможливе. І оскільки вона приводить людину до спасіння, вона називається «живою вірою». Якщо ви хочете стати праведною людиною, ви повинні мати духовну віру.

Як отримати духовну віру

Щоб отримати духовну віру, ми спершу повинні позбутися усіх думок і припущень, які відвертають нас від здобуття духовної віри. Як написано у 2 Посланні до коринтян 10:5, ми повинні знищити припущення і зарозумілість, які постали проти знання Бога, і ми повинні зробити так, щоб кожна наша думка підкорялася Христу.

Знання, теорії, інтелект і цінності, які людина отримує і вивчає від народження, не завжди є істною. Лише Боже Слово є безумовною і вічною істиною. Якщо ми наполягаємо на тому, що наші обмежені людські знання і теорії – це істина, тоді ми ніяк не зможемо прийняти Боже Слово як істину. Отже, ми не зможемо мати духовну віру. Тому передусім дуже важливо, щоб ми зруйнували цей тип думок.

Також для того, щоб отримати духовну віру, ми повинні старанно слухати Боже Слово. У Посланні до римлян 10:17 написано, що віра від слухання; отже ми повинні слухати Боже Слово. Якщо ми не слухаємо слова Бога, ми не дізнаємося, що таке істина, і тому духовна віра не може бути в нас. Коли ми слухаємо слова Бога або свідоцтва людей на богослужіннях та інших церковних служіннях, паростки віри зростають всередині нас, хоча спочатку це може бути віра-знання.

Тоді, щоб перетворити віру, засновану на знаннях, на духовну віру, ми повинні застосовувати на практиці слова Бога. Як написано у Посланні Якова 2:22, віра помогла ділам людини і вдосконалилась віра із діл.

Людина, яка любить бейсбол, не може стати гарним гравцем, лише читаючи велику кількість літератури про цю гру. Якщо людина накопичила знання, тепер вона повинна пройти ретельні тренування, засновуючись на отриманих знаннях, щоб стати гарним гравцем у бейсбол. Так само, незалежно від того, скільки ви читаєте Біблію, якщо ваші вчинки не відображають прочитаного, ваша віра залишиться лише у вигляді знань, і ви не зможете отримати духовну віру. Коли ви застосовуєте почуте на практиці, тоді Бог дає вам духовну віру, коли ви дійсно вірите від щирого серця.

Отже, якщо людина дійсно вірить від щирого серця, слово Боже говорить: «Завжди радійте! Безперестанку моліться!

Подяку складайте за все», як вона буде поводитись? Звичайно, вона буде радіти за радісних обставин. Але вона також радітиме, коли настануть скрутні часи. З радістю людина передасть все у руки Бога. Незалежно від того, наскільки зайнятою буде людина, вона знайде час помолитися. І незалежно від обставин вона завжди дякуватиме, вірячи у те, що отримає відповіді на свої молитви, тому що вона вірить у всемогутнього Бога.

Так, якщо ми виконуємо слова Бога, Богові подобається наша віра, і Він забирає випробування і нещастя і відповідає на наші молитви, так що дійсно ми маємо підстави для радості і подяки. Якщо ми старанно молимося, видаляємо неправду зі свого серця за допомогою Святого Духа і чинимо відповідно до Божого Слова, тоді наша віра-знання стає схожою на підніжжя, на яке Бог поставить нам духовну віру.

Якщо ми маємо духовну віру, ми будемо коритися Божому Слову. Коли ми намагаємося з вірою зробити те, що ми зробити не можемо, тоді Бог допомагає нам це зробити. Тому має бути дуже легко отримати фінансові благословення. Як записано у Книзі Пророка Малахії 3:10, коли ми приносимо повну десятину, Бог виливає на нас так багато благословень, що наші комори будуть переповнені! Оскільки ми віримо, що коли ми сіємо, ми пожнемо у 30, 60, 100 разів більше, ніж посіяли, з радістю. Так, маючи віру, праведні люди отримують Божу любов і благословення.

Як жити вірою

У нашому повсякденному житті ми раптово опиняємося перед «Червоним морем», «містом Єрихон», стіни якого ми повинні зруйнувати, і «ріка Йордан», яка виходить з берегів. Коли ці проблеми постають перед нами, ми ходимо в істині, живемо за вірою. Наприклад, якщо ми маємо плотську віру, якщо хтось вдарить нас, ми б'ємо у відповідь і ненавидимо ту людину. Але якщо ми маємо духовну віру, ми не будемо ненавидіти іншу особу, але будемо любити її. Якщо ми маємо таку живу віру, віру втілювати Боже Слово у життя, ворог-диявол тікає від нас і наші проблеми вирішуються.

Праведні люди, які живуть за вірою, люблять Бога, покірні, виконують Його заповіді і чинять відповідно до істини. Інколи люди питають: «Як ми можемо виконувати всі заповіді?» Оскільки дитина повинна поважати своїх батьків, чоловік і дружина мають любити один одного, якщо ми називаємо себе дітьми Божими, єдиний правильний шлях для нас – виконувати Його заповіді.

Новим віруючим, які лише почали ходити до церкви, може бути важко спочатку закривати свій магазин у неділю. Вони чують, що Бог благословить їх, якщо вони святитимуть день суботній, закривши магазин у неділю, але спочатку може бути важко повірити у це. Тому у деяких випадках вони можуть просто приходити на ранкові богослужіння у неділю, а потім відкривати свій магазин після обіду.

З іншого боку, для більш зрілих віруючих вигода не проблема. Їхнім пріоритетом є покора Божому Слову, тож вони коряться, закриваючи свої магазини у неділю. Тоді Бог бачить їхню віру і забезпечує їм набагато більший прибуток, ніж вони мають, коли відкривають свої магазини у неділю. Як Бог обіцяв, Він захистить їх від збитків і благословить їх мірою доброю, струснутою, переповненою.

Це також стосується позбуття гріхів. Такі гріхи, як гнів, ревнощі і похіть важко викорінити, але це можливо зробити за допомогою палкої молитви. З мого особистого досвіду гріхів, які неможливо викоренити за допомогою молитви, я позбуваюся за допомогою посту. Якщо триденний піст не допомагав, я тримав піст п'ять днів. Якщо і це не допомагало, я тримав піст сім, а потім десять днів. Я постив доки гріх не було викорінено. Потім я позбувався гріха уникнення посту!

Якщо ми можемо позбутися тих пари гріхів, які найважче позбутися, тоді інших гріхів позбутися легше. Це ніби виривати дерево з коренем. Якщо ми вирвемо основний корінь, всі інші маленькі корінчики вийдуть разом з великим коренем.

Якщо ми любимо Бога, виконувати Його заповіді не важко. Чи може людина, яка любить Бога, не коритися Його наказам? Любити Бога означає виконувати Його накази. Отже, якщо ви любите Його, ви можете виконувати всі Його заповіді. Невже проблеми, які постали перед вами, такі ж великі, як Червоне море, або такі ж грізні, як стіни міста Єрихон?

Якщо ми маємо духовну віру, застосовуємо віру на практиці і йдемо шляхом праведності, тоді Бог вирішить всі наші важкі проблеми і прибере всі страждання. Чим праведнішими ми стаємо, тим швидше будуть вирішуватися наші проблеми, тим швидше ми отримаємо відповідь на свою молитву! І нарешті, я сподіваюся, що ви матимете квітуче життя не лише у цьому світі, але також вічні благословення на небесах, йдучи з вірою як праведна людина Божа!

Словник

Думки, теорії і рамки розуму

«Думка» – це через діяльність душі виявляти знання, накопичені у пам'яті нашого мозку. Ці думки можна розподілити на дві частини: плотські думки, які направлені проти Бога, і духовні думки, які догоджають Богові. Якщо, покладаючись на власні знання, які ми тримаємо у своєму розумі, ми оберемо істину, ми матимемо духовні думки. І навпаки, якщо ми оберемо неправду, ми матимемо плотські думки.

«Теорія» – це логіка, яку людина встановлює, вона засновується на знаннях, набутих внаслідок досвіду, розумової діяльності або навчання. Теорія змінюється в залежності від досвіду кожної людини, думки або епохи. Вона створює суперечки і часто оспорює Боже Слово.

«Рамки» – це розумові межі, коли людина вірить у свою правоту. Ці рамки будуються тоді, коли самовпевненість людини твердне. Тому для деяких людей їхня особистість сама стає рамками, а для інших рамками можуть стати власні знання і теорії. Ми повинні слухати Боже Слово і розуміти істину, щоб виявити ці рамки у своєму розумі і зруйнувати їх.

Розділ 8

На послух Христові

«Бо ходячи в тілі, не за тілом воюємо ми, зброя бо нашого воювання не тілесна, але міцна Богом на зруйнування твердинь, ми руйнуємо задуми, і всяке винесення, що підіймається проти пізнання Бога, і полонимо всяке знання на послух Христові, і покарати ми готові всякий непослух, коли здійсниться послух ваш».
(2 Послання до коритян 10:3-6)

Якщо ми приймаємо Ісуса Христа і стаємо праведними людьми, які мають духовну віру, ми можемо отримати неймовірні благословення від Бога. Ми не лише можемо прославити Бога, виконуючи Божу справу надзвичайним способом, але Він виконає все, про що ми просимо у молитві, і ми зможемо мати життя, коли нам в усьому буде вестися добре.

Однак, є люди, які говорять, що вірять в Бога, однак не коряться Божому Слову і тому не можуть досягти

Божої праведності. Вони стверджують, що моляться і важко працюють для Господа, однак вони не отримують благословення і їх постійно переслідують випробування, нещастя і хвороби. Якщо людина має віру, вона повинна жити відповідно до Божого Слова і отримувати Його рясні благословення. Але чому віруючі не можуть цього зробити? Тому що вони продовжують триматися своїх тілесних думок.

Тілесні думки ворожі для Бога

Слово «тілесний» означає тіло людини у поєднанні з гріховною природою. Ця гріховна природа – це неправда, яка живе у серці людини, яка не проявилася зовні у вчинках. Коли ця неправда виходить у вигляді думок, ці думки називають «тілесними думками». Якщо ми маємо тілесні думки, ми не можемо коритися істині повністю. У Посланні до римлян 8:7 написано: «Думка бо тілесна ворожнеча на Бога, бо не кориться Законові Божому, та й не може».

Отже, якими конкретно є ці тілесні думки? Існує два види думок. Перші – духовні думки, які допомагають нам діяти відповідно до істини, або Божі закони, а інші – тілесні думки, які утримують нас від того, щоб діяти відповідно до Божих законів (Послання до римлян 8:6). Обираючи між правдою і неправдою, ми можемо мати або духовні, або тілесні думки.

Інколи, коли ми бачимо людину, яка нам не подобається, з одного боку ми можемо відчувати неприязнь до цієї людини, керуючись своїми поганими почуттями щодо неї. З іншого боку, ми можемо думати про те, щоб спробувати полюбити ту людину. Якщо ми бачимо свого сусіда, який має щось дійсно гарне, у нас може виникнути бажання вкрасти це у нього. З іншого боку, ми можемо подумати, що не повинні жадати чужого. Думки, які відповідають Божому закону, який говорить: «Люби свого ближнього» і «Не жадай» -- це духовні думки. Але думки, які спонукають вас ненавидіти і красти суперечать Божим законам, а отже є тілесними думками.

Тілесні думки ворожі для Бога; отже вони затримують наше духовне зростання і суперечать Богові. Якщо ми покладаємося на тілесні думки, ми віддаляємося від Бога, піддаємося мирському, і зрештою нас спіткають випробування і нещастя. У цьому світі ми багато бачимо, чуємо і вивчаємо. Багато є такого, що суперечить Божій волі і відволікає нас від ходіння за вірою. Ми повинні розуміти, що все це – тілесні думки, ворожі для Бога. І відколи ми виявили ці думки, ми повинні старанно викоренити їх. Незалежно від того, наскільки правильним здається для вас, якщо це не відповідає Божій волі, це – тілесна думка, а отже вона ворожа для Бога.

Давайте розглянемо історію Петра. Коли Ісус сказав Своїм учням, що Він піде в Єрусалим, де Його розіпнуть, а потім воскресне на третій день, Петро промовив: «Змилуйся, Господи, такого Тобі хай не буде!» (Євангеліє від Матвія 16:22). Але на це Ісус відповів: «Відступися від Мене, сатано, ти спокуса Мені, бо думаєш не про Боже, а про людське!» (Євангеліє від Матвія 16:23).

Оскільки Петро був правою рукою Ісуса, він сказав так, бо любив свого вчителя. Але незалежно від того, якими добрими були його наміри, його слова йшли проти Божої волі. Оскільки Божою волею було те, щоб Ісус прийняв хрест і відкрив двері для спасіння, Ісус прогнав сатану, який намагався відвернути Петра за допомогою таких думок. Зрештою, побачивши смерть Ісуса і Його воскресіння, Петро зрозумів, якими нікчемними і ворожими тілесні думки є для Бога, і він повністю знищив ті думки. В результаті Петро став основним гравцем у поширенні Євангелія Христа і розбудови першої церкви з міцною основою.

«Самовпевненість» -- одна з головних тілесних думок

Серед усіх різноманітних видів тілесних думок «самовпевненість» -- основний приклад. Просто кажучи, «самовпевненість» -- це доведення своєї правоти. Народившись, людина дізнається багато від своїх батьків і вчителів. Вона також навчається від друзів та різного оточення, у якому вона перебуває.

Але незалежно від того, наскільки чудовими можуть бути батьки і вчителі людини, їй нелегко навчатися виключно істині. Ймовірніше, вона навчиться тому, що суперечить Божій волі. Звичайно, всі намагаються навчити тому, що вважають правильним; однак, якщо подумати про Божі стандарти праведності, майже все на землі – неправда. Дуже мало що є істиною. Це тому що ніхто не є добрим, крім Бога самого (Євангеліє від Марка 10:18; Євангеліє від Луки 18:19).

Наприклад, Бог говорить, щоб ми на зло відповідали добром. Він говорить нам, що якщо хтось змушує вас пройти з ним одну милю, пройди дві. Якщо у вас відберуть верхній одяг, віддате також і сорочку. Він вчить нас, що найбільший той, хто служить; і той, хто віддає і жертвує, врешті стає справжнім переможцем. Але люди розуміють «праведність» по-різному. Вони вчать, що ми повинні відплачувати злом на зло, і що ми повинні протистояти злу до останнього, доки не завдамо йому поразки.

Ось простий приклад. Ваша дитина пішла до свого друга і повернулася заплакана. На обличчі сліди від подряпин нігтями. Зазвичай батьки дуже засмучуються і починають карати дитину. У серйозніших випадках буває, батьки говорять: «Наступного разу не сиди просто. Відбивайся!» Вони навчають свою дитину, що бути побитим – це ознака слабкості або програшу.

Також є люди, які можуть страждати від хвороби. Попри те, як почувається особа, що доглядає за будинком, вони вимагають те або інше, намагаючись зробити так, щоб їм було комфортніше. З точки зору хворої людини, оскільки біль сильний, вони вважають, що їхні вчинки виправдані. Однак, Бог вчить нас не шукати вигоди для себе, але шукати вигоди для інших. Ось так відрізняються думки Бога від думок людини. Стандарт праведності людини і стандарт праведності Бога дуже відрізняються.

У Книзі Буття 37:2 ми читаємо про Йосипа, який через власну праведність час від часу розповідав батькові про провини своїх братів. З його точки зору йому не подобалася беззаконність вчинків його братів. Якби Йосип був трохи милосерднішим у своєму серці, він би шукав Божої мудрості і знайшов би краще і більш мирне вирішення проблеми, не завдаючи незручностей своїм браттям. Однак через самовпевненість Йосипа його ненавиділи брати і власноруч продали в єгипетське рабство. Тож таким чином, якщо ви кривдите іншу людину через те, що ви вважаєте «праведним», ви можете відчути на собі такі нещастя.

Однак, що сталося з Йосипом після того, як він зрозумів праведність Бога через нещастя і випробування, які постали перед ним? Він позбувся своєї самовпевненості і піднявся до посади прем'єр-міністра Єгипту і заслужив право керувати великою кількістю людей. Він навіть врятував своїх рідних від великого голоду, у тому числі братів, які продали його у рабство. Бог також використав Йосипа для заснування створення народу Ізраїля.

Апостол Павло знищив свої тілесні думки

У Посланні до филип'ян 3:7-9 Павло сказав: «Але те, що для мене було за надбання, те ради Христа я за втрату вважав. Тож усе я вважаю за втрату ради переважного познання Христа Ісуса, мого Господа, що я ради Нього відмовився всього, і вважаю все за сміття, щоб придбати Христа, щоб знайтися в Нім...»

Павло народився у місті Тарс, столиці Кілікії, був громадянином Римської імперії за народженням. Якщо він мав громадянство Риму, яке керувало світом у той час, це означає, що він мав чималі громадські повноваження. Окрім цього, Павло був ортодоксальним фарисеєм з коліна Веніямінового (Книга Дії 22:3), і він вчився у ніг Гамаліїла, найкращого вченого того часу.

Бувши найзавзятішим з юдеїв, Павло у перших рядах переслідував християн. Насправді, він прямував у Дамаск, щоб арештовувати християн, які перебували у тому місті, саме тоді він зустрів Ісуса Христа. Завдяки цій зустрічі з Господом Павло зрозумів свої провини і напевно дізнався про те, що Ісус Христос – справжній Спаситель. З тієї миті він зрікся своєї освіти, цінностей і соціального статусу і пішов за Господом.

Чому після зустрічі з Ісусом Христом Павло почав

вважати втратою все те, що було ним здобуте? Він зрозумів, що всі його знання походять від людини, простого створіння, а отже вони дуже обмежені. Він також дізнався про те, що людина може здобути життя і мати вічне щастя на небесах, повіривши в Бога і прийнявши Ісуса Христа, і що початком всього знання і всього розуміння насправді є Бог.

Павло зрозумів, що наукові знання цього світу потрібні лише для життя у цьому світі, але знання Ісуса Христа – найшляхетніша форма знань, за допомогою якої можна вирішити основні проблеми людини. Він довідався про те, що у знаннях про Ісуса Христа, існує необмежена сила і влада, скарби, слава і багатство. Оскільки він мав таку тверду віру у цей факт, він вважав втратою і сміттям всі свої наукові знання і розуміння цього світу. Це все було для того, щоб придбати Христа і знайтися в Нім.

Якщо якась людина уперта і каже: «Я знаю», самовпевнена, думає: «Я завжди правий», тоді вона ніколи не дізнається, яка вона насправді і завжди вважатиме себе найкращою. Така людина не буде слухати інших покірливим серцем. Тому вона не зможе нічого навчитися і зрозуміти. Однак, Павло зустрів Ісуса Христа, найбільшого Вчителя усіх часів. І щоб зробити Його учення власним ученням, він викорінив всі тілесні думки, які він колись вважав абсолютно вірними. Це сталося тому, що Павло повинен був позбутися тілесних думок щоб отримати чудові знання Христа.

Отже, апостол Павло зміг досягти праведності, яка догоджає Богові, проголосивши: «Щоб знайтися в Нім не з власною праведністю, яка від Закону, але з тією, що з віри в Христа, праведністю від Бога за вірою» (Послання до филип'ян 3:9).

Праведність, яка походить від Бога

Перед тим, як зустріти Бога, апостол Павло суворо виконував Закон і вважав себе праведним. Але після зустрічі з Господом і отримавши Святого Духа, він виявив справжнього себе і визнав: «Ісус Христос прийшов у світ, щоб спасти грішників, серед яких першим є я» (1 Послання Тимофію 1:15). Він зрозумів, що мав первинний гріх, а також вчинені гріхи, фактичні гріхи, і що він все-таки бажає виконати істинну, духовну любов. Якщо спочатку він був праведний і якби він ходив у вірі, яка догоджає Богові, він би знав, хто такий Ісус і служив би Йому від початку. Однак, він не упізнав Спасителя і замість того брав участь у переслідуванні тих людей, які вірили в Ісуса. Тому насправді він нічим не відрізнявся від фарисеїв, які прибили цвяхами Ісуса на хрест.

У часи Старого Заповіту люди повинні були відплачувати око за око, зуб за зуба. Відповідно до Закону, якщо хтось вчиняв убивство або перелюб, його побивали камінням до смерті. Але фарисеї не розуміли істинного серця Бога, яке містилося в Законі. Чому Бог любові створив такі правила?

У часи Старого Заповіту Святий Дух не входив у серця людей. Їм було важко управляти своїми діями, ніж людям, які отримали Святого Духа, Помічника, у часи Нового Заповіту. Таким чином, гріх міг поширюватися дуже швидко, якщо не було кари за нього, а лише прощення. Тому, щоб запобігти вчиненню гріхів і їхньому поширенню, вони мали платити життям за життя, оком за око, зубом за зуб, ногою за ногу. Також убивство і перелюб – дуже лихі гріхи, навіть за мирськими стандартами. Людина, яка чинить такі гріхи, має дуже черстве серце. Такій людині було б дуже важко відійти від своїх шляхів. Тому, оскільки вона не може отримати спасіння і все одно іде у пекло, їй було б краще загинути від побиття камінням, щоб це покарання послужило попередженням і уроком для інших людей.

Це також є любов'ю Бога, але Бог ніколи не збирався і не бажав, щоб люди мали формальну віру, де людина повинна відплачувати оком за око, зубом за зуб. У Книзі Повторення Закону 10:16 Бог говорить: «І ви обріжете крайню плоть свого серця, а шиї своєї не зробите більше твердою». У Книзі Пророка Єремії 4:4 написано: «Обрізуйтеся ГОСПОДЕВІ, й усуньте із ваших сердець крайні плоті, юдеї та мешканці Єрусалиму, щоб не вийшла, немов той огонь, Моя лютість, і буде палати вона, і не буде кому погасити через злі ваші вчинки!»

Ви можете побачити, що навіть у часи Старого Заповіту пророки, яких визнав Бог, не мали формальної віри. Це тому що чого дійсно бажає Бог – це духовна любов і співчуття. Так само, як Ісус Христос виконував Закон з любов'ю, пророки і патріархи, які отримали Божу любов і благословення, прагнули любові і миру.

У випадку з Мойсеєм, коли сини Ізраїльські перебували на межі смерті, вчинивчи непробачний гріх, Він заступився за них, попросивши Бога обміняти його спасіння на їхнє. Однак, Павло не був таким до того, як зустрів Ісуса Христа. Він не був праведним в очах Бога. Він був праведним у своїх власних очах.

Лише зустрівши Христа, він почав вважати за втрату все, що він знав досі, і почав поширювати чудове вчення Христа. Через свою любов до душ людей Павло насаджував церкви всюди, куди йшов, і він жертвував своїм життям заради Євангелія. Він жив найбільш цінним і гідним життям.

Саул зневажив Бога тілесними думками

Саул – найкращий приклад чоловіка, який налаштував себе проти Бога завдяки своїм тілесним думкам. Помазаний пророком Самуїлом, Саул був першим царем Ізраїлю, який правив народом протягом 40 років. Перед тим, як стати царем, він був скромним чоловіком. Але ставши царем, він поступово ставав все більш гордовитим. Наприклад, коли Ізраїль готувався йти на війну з філістимлянами, а пророк Самуїл не прийшов у призначений час і народ почав розходитися, незважаючи на те, що лише священик мав право приносити жертву на жертівнику, Саул вчинив жертвоприношення сам, за своїм власним бажанням, зробивши це проти волі Бога. І коли Самуїл покарав його за те, що він не виявив повагу до священних обов'язків священика, замість покаяння Саул почав одразу виправдовуватись.

І коли Бог наказав йому «повністю знищити Амаликитян», він не послухався. Замість того він взяв у полон царя. Він навіть пощадив кращу худобу і взяв її з собою. Оскільки він дозволив тілесним думкам закрастися у свій розум, він поставив свої власні думки вище за наказ Бога. І, незважаючи на це, він попросив свій народ прославляти його. Зрештою Бог відвернув Своє лице від Саула, і його почали мучити злі духи. Але навіть за таких обставин він відмовився відвернутися від лихого і намагався вбити Давида, якого помазав Бог. Бог давав Саулу багато шансів змінити свою поведінку, але він не зміг позбутися своїх тілесних думок і знову не скорився Богові. Зрештою, він став на шлях смерті.

Як виконати Божу правду завдяки вірі

Отже, як ми можемо викорінити тілесні думки, які ворожі до Бога, і стати праведними в очах Бога? Ми повинні знищити всі думки і гордовитість, що суперечить Божому ученню, і всі свої думки віддати на послух Христу (2 Послання до коринтян 10:5).

Коритися Христу не означає закувати себе у кайдани або засмутитися. Це шлях благословення і вічного життя. Тому люди, які прийняли Ісуса Христа як Спасителя і відчули дивовижну любов Бога, покірні Його Слову і намагаються змагатися за Його серце.

Отже, щоб виконати Бажу правду завдяки вірі в Ісуса Христа, ми повинні позбутися всіх форм зла (1 Послання до солунян 5:22) і прагнути досягти праведності. Ви не матимете тілесних думок, якщо не матимете неправди у своєму серці. Ви отримуєте справи сатани і ходите шляхами зла, оскільки маєте у собі неправду. Отже, коритися Христу означає позбутися неправди, знати і діяти відповідно до Божого Слова.

Якщо Бог говорить нам «присвятити себе триматись разом», потім, не залучаючи власних думок, ми повинні присвятити себе триматись разом. Коли ми ходимо на богослужіння, ми повинні розуміти Божу волю і відповідно коритися їй. Однак, те, що ми знаємо Боже Слово, не означає, що ми можемо одразу застосовувати його на практиці. Ми повинні молитися, щоб отримати силу застосувати Слово на практиці. Коли ми молимося, ми наповнюємося Святим Духом і можемо позбутися тілесних думок. Але якщо ми не молимося, наші тілесні думки оволодівають нами і збивають з вірного шляху.

Отже, ми повинні молитися і намагатися жити відповідно до Божого Слова. Перед тим, як ми зустріли Ісуса Христа, ми могли коритися бажанням плоті, промовляючи: «Давайте відпочинемо, будемо насолоджуватися, давайте пити, їсти і веселитися». Але зустрівши Ісуса Христа ми повинні роздумувати над тим, як ми можемо досягти Його Царства і правди Його, і ми повинні намагатися втілювати свою віру у вчинках. Ми повинні виявляти зло і позбуватися його: ненависті і заздрості, які суперечать Божому Слову. Ми повинні робити те, що робив Ісус: любити своїх ворогів і принижувати себе у служінні іншим людям. Тоді це буже означати, що ми виконуємо Божу правду.

Сподіваюся, ви зможете зруйнувати думки і гордовитість, які суперечать Божому ученню, і всі думки віддати на послух Христу, як це зробив апостол Павло, щоб отримати мудрість і розуміння від Бога і стати праведною людиною, якій в усьому ведеться добре.

Словник

Праведність віри, покори і вчинків

Праведність віри ми бачимо як позитивний результат, очима віри, а не просто реальність як вона є, покладаючись на Боже Слово. Це означає покладатися не лише на людські думки і можливості, а лише на Боже Слово.

Праведність покори – це не просто виконання заповіді, яку людина може виконати, доклавши власних зусиль. Це у рамках істини виконання такого наказу, який людина вважає неможливим виконати. Якщо людина має праведність віри, вона також може виконати праведність покори. Людина, яка виконала праведність покори, яка заснована на праведності віри, може коритися з вірою навіть за обставин, які фактично неможливі.

Праведність вчинків – це здатність діяти відповідно до Божої волі, не виправдовуючись, якщо виконання цієї роботи бажає Бог. Здатність здійснювати праведність вчинків у кожної людини різна в залежності від особливості посудини кожної людини і особливості серця. Чим менше людина надає значення власній користі і шукає вигоди для інших, тим краще вона може виконати таку праведність.

Розділ 9

Той, кого хвалить Господь

«Бо достойний не той, хто сам себе хвалить, але кого хвалить Господь!».
(2 Послання до коринтян 10:18)

Незалежно від сфери нашої діяльності, якщо ми відзначилися у своїй роботі, нас можуть похвалити. Однак, існує різниця між тим, похвалила вас якась пересічна людина, або експерт у тій галузі, в якій ви працюєте. Тому якщо наш Господь, Цар над царями і Пан над панами, визнає нас, тоді таку радість неможливо порівняти з будь-чим іншим у цьому світі!

Той, кого хвалить Господь

Бог хвалить тих людей, чиї серця праведні, хто дає аромат Христа. В Біблії є небагато випадків, коли Ісус когось хвалить. Але коли Він це робить, це було не прямо, але опосередковано, такими словами: «Ти зробив правильно». «Памятай про це». «Поширюй це».

У 21 главі Євангелія від Луки ми читаємо про бідну вдову, яка жертвує дві невеликі мідні монети. Ісус похвалив вдову за те, що вона віддала все, що мала: «Поправді кажу вам, що ця вбога вдовиця вкинула більше за всіх! Бо всі клали від лишка свого в дар Богові, а вона поклала з убозтва свого ввесь прожиток, що мала...» (вірші 3-4).

У 14 главі Євангелія від Марка ми читаємо про те, як жінка вилила дорогоцінне миро на голову Ісуса. Деякі присутні розпікали жінку за це, промовляючи: «Бо можна було б це миро продати більше, як за три сотні динаріїв, і вбогим роздати. І нарікали на не» (вірш 5).

На це Ісус відповів: «Ісус же сказав: Залишіть її! Чого прикрість їй робите? Вона добрий учинок зробила Мені. Бо вбогих ви маєте завжди з собою, і коли схочете, можете їм робити добро, Мене ж не постійно ви маєте. Що могла, те зробила вона: заздалегідь намастила Моє тіло на похорон... Поправді кажу вам: де тільки ця Євангелія проповідувана буде в цілому світі, на пам'ятку їй буде сказане й те, що зробила вона!» (вірші 6-9).

Якщо ви хочете, щоб вас похвалив Господь, ви спершу повинні робити те, що вам слід робити як дітям Бога.

Отримати похвалу від Бога

1) Старанно збудуйте жертівник для Бога

У Книзі Буття 12:7-8 написано: «І ГОСПОДЬ явився Авраму й сказав: Я дам оцей Край потомству твоєму. І він збудував там жертівника ГОСПОДЕВІ, що явився йому. А звідти він рушив на гору від сходу від Бет-Елу, і намета свого розіп'яв, Бет-Ел від заходу, а Гай від сходу. І він збудував там Господу жертівника, і прикликав ГОСПОДНЄ Ймення». Крім того, у Книзі Буття 13:4 і 13:18 також записано, що Авраам збудував жертівник Богові.

У 28 главі Книги Буття ми читаємо про те, як Яків збудував жертівник Богові. Тікаючи від свого брата, який намагався вбити його, Яків прийшов у місце, на якому заснув, поклавши голову на камінь. Уві сні він побачив драбину, що вела на небеса, він побачив анголів Божих, які ходили вниз і вверх по драбині, і почув голос Бога. Коли наступного ранку він проснувся, Яків взяв камінь, який слугував йому за подушку, поставив його за пам'ятник, вилив на нього оливу і прославив Бога на тому місці.

У наш час побудувати жертівник Богові -- це все одно що ходити до церкви і відвідувати богослужіння. Це означає робити справжні пожертвування всім серцем і подякою, слухати Боже Слово і приймати його як поживу для свого серця. Це означає приймати почуте слово і застосовувати його на практиці. Таким чином, коли ми поклоняємося у дусі і правді, коли ми застосовуємо Слово на практиці, ми догоджаємо Богові, і Він веде нас до життя благословень.

2) Підносьте молитви, які бажає почути від вас Бог

Молитва – це духовне дихання. Це спілкування з Богом. Важливість молитви підкреслюється у багатьох місцях Біблії. Звичайно, якщо ми не повідомляємо Йому про найменші подробиці, Він уже знає все. Однак, оскільки Він бажає спілкуватися з нами і ділитися з нами любов'ю, Бог дав Свою обітницю в Євангелії від Матвія 7:7: «Просіть і буде вам дано, шукайте і знайдете, стукайте і відчинять вам».

Щоб нашій душі велося добре і щоб вона потрапила на небеса, ми повинні молитися. Лише якщо ми сповнені благодаті і сили Бога, а також повнотою Святого Духа, ми можемо викоренити свої тілесні думки, які суперечать істині, ми можемо сповнитися Божим Словом, яке є істиною. Також ми повинні молитися, щоб стати людиною правди, людиною духу. Якщо ми будемо молитися, нам в усьому буде вестися добре і ми будемо мати гарне здоров'я, тому що добре буде вестися нашій душі.

Всі люди, яких любив і визнав Бог, молилися. У 1 Книзі Самуїловій 12:23 написано: «Не дай мені, Боже, грішити проти ГОСПОДА, щоб перестав я молитися за вас!» Щоб отримати щось від Бога, що неможливо отримати за допомогою сили людини, ми повинні спілкуватися з Богом. Даниїл, Петро і апостол Павло були людьми, які молилися. Ісус молився рано вранці та інколи всю ніч. Розповідь про те, як Він молився, доки на Його чолі не виступили краплі крові наче краплі поту у саду Гетсиманському, дуже відома.

3) Майте віру, щоб отримувати відповіді

У 8 главі Євангелія від Матвія до Ісуса прийшов сотник. У той час Ізраїль перебував під окупацією Римської імперії. Сотника римської армії можна прирівняти до високого військового чину. Сотник попросив Ісуса зцілити його слугу, який страждав від паралічу. Ісус побачив любов і віру сотника, тому Він вирішив зцілити слугу.

Але сотник сповідав свою віру, промовивши: «Недостойний я, Господи, щоб зайшов Ти під стріху мою...

Та промов тільки слово, і видужає мій слуга! Бо й я людина підвладна, і вояків під собою я маю; і одному кажу: піди то йде він, а тому: прийди і приходить, або рабові своєму: зроби те і він зробить» (Євангеліє від Матвія 9:8-9).

Побачивши віру сотника і покірливість, які були дуже дорогоцінні, Ісус промовив: «Поправді кажу вам: навіть серед Ізраїля Я не знайшов був такої великої віри!» (вірш 10). Багато людей бажають мати таку віру, але ми не можемо просто мати таку віру за власною волею. Чим більше праведності є в нашому серці, чим більше ми застосовуємо на практиці Боже Слово, тим більше Бог даватиме нам такої віри. Оскільки сотник мав добре серце, він просто повірив у те, що бачив і що почув про Ісуса. Таким чином Бог хвалить кожного, хто вірить і застосовує на практиці свою віру. Бог чинить відповідно до їхньої віри.

4) Майте покірливе серце перед Богом

У 7 главі Євангелія від Марка жінка сирофінікіянка прийшла до Ісуса, маючи покірливе серце, і благала, щоб Він зцілив її доньку, вигнавши з неї демона. Коли жінка попросила Ісуса зцілити її доньку, Він відповів: «Дай, щоб перше наїлися діти, не годиться бо хліб забирати в дітей, і кинути щенятам!» (вірш 27). Жінка не розсердилася і не образилася, хоча її порівняли з собакою.

Оскільки вона була сповнена великого бажання будь-що отримати відповідь, і оскільки вона вірила в Ісуса, Котрий Сам був Істиною, вона принизила себе у покірливій формі і продовжувала благати: «Так, Господи! Але навіть щенята їдять під столом від дитячих кришок...» (вірш 28). Ісус був зворушений її вірою і покірливістю, тому відповів на її прохання, промовивши: «За слово оце йди собі, демон вийшов із твоєї дочки!» (вірш 29). Ми повинні мати таку покірливість до Бога, коли прагнемо чогось і молимося.

5) Сійте з вірою

Сіяти з вірою – це також частина праведності, яку хвалить Бог. Якщо ви бажаєте стати багатою людиною, сійте відповідно до закону сіяння і збирання врожаю. Найкраще це можна застосувати під час збирання десятини і пожертвувань подяки. Навіть подивившись на закони природи, ми можемо побачити, що ви збираєте те, що посіяли. Якщо ви посіяли пшеницю, ви зберете пшеницю, якщо ви сієте боби, ви зберете боби. Якщо ви посіяли мало, ви зберете мало, якщо ви посіяли багато, ви зберете багато. Якщо ви посіяли у родючу землю, ви зберете гарний врожай; чим старанніше ви пололи і доглядали, тим кращим буде врожай.

Пожертвування, які ви приносите Богові, використовуються для спасіння загублених душ, побудови церков і підтримки місій, а також для допомоги нужденним. Тому ми повинні висловлювати свою любов до Бога через пожертвування. Пожертвування використовуються для того, щоб здійснити Боже Царство і правду Його, тому Бог отримує ці пожертви з радістю і благословляє нас, віддаючи у 30, 60 та 100 разів більше. Чого може не вистачати Богові-Творцю? Чому Він говорить, щоб ми приносили пожертви Йому? Він дає нам можливість зібрати посіяне і отримати Його благословення!

Як написано у 2 Посланні до коринтян 9:6-7: «А до цього кажу: Хто скупо сіє, той скупо й жатиме, а хто сіє щедро, той щедро й жатиме! Нехай кожен дає, як серце йому призволяє, не в смутку й не з примусу, бо Бог любить того, хто з радістю дає!»

6) Довіряйте Богові і покладайтеся на Нього завжди

Давид завжди довіряв Богові, тому Бог вів його Своїм шляхом і допомагав уникнути багатьох труднощів. Давид питав Бога: «Чи треба мені робити це або це?» окремо щодо всього, і він діяв відповідно до Його вказівок (23 глава 1 Книги Самуїлової). Тому він зміг перемогти у багатьох битвах. Ось чому Бог більше любить тих Своїх дітей, які завжди довіряють і просять Його направити їх. Однак, якщо ми називаємо Бога «Отцем», але більше довіряємо світу або більше покладаємося на власні думки, ніж на Бога, тоді Бог не може нам допомогти.

Чим більше ми перебуваємо в істині, тим більше ми можемо просити у Бога, і тим більше Господь може хвалити нас. В усьому, що ми робимо, насамперед ми повинні відточувати мудрість пошуку Бога, а потім чекати, щоб отримати Його відповідь і керівництво.

7) Коритися Божому Слову

Оскільки Бог наказав нам: «Святити день суботній», ми повинні ходити у церкву, поклонятися, спілкуватися з віруючими і проводити день зі святістю. А оскільки Він сказав: «Завжди радійте, за все дякуйте», ми повинні радіти і бути вдячними незалежно від обставин. Люди, які виконують Його заповіді таким чином у своєму серці і слухаються, отримують благословення завжди бути у Божій присутності.

Завдяки покорі Петра, учня Ісуса, з ним відбулася надзвичайна подія. Щоб заплатити церковний податок, Ісус сказав Петру: «Та щоб їх не спокусити, піди над море, та вудку закинь, і яку першу рибу ізловиш, візьми, і рота відкрий їй, і знайдеш статира; візьми ти його, і віддай їм за Мене й за себе...» (Євангеліє від Матвія 17:27). Якби Петро відмовився повірити слову і не пішов до моря, щоб упіймати рибу, він би не побачив цього дива. Але Петро скорився і закинув гачок, тоді він зміг відчути дивовижну силу Бога.

Всі справи віри, записані в Біблії, у більшості схожі. Коли Бог щось робить, Він чинить відповідно до міри віри людини. Він не штовхатиме людину з малою мірою віри, щоб вона підкорилась, якщо вона на це не здатна. Спочатку Він дає їй можливість відчути Його силу, скорившись чомусь невеликому, а потім дає їй трохи більше духовної віри. Таким чином, наступного разу людина зможе коритися Йому трохи більше.

Прибийте на хрест свої пожадливості і похоті

Наразі ми дізналися про те, що ми повинні робити, щоб Бог нас визнав, похвалив і назвав праведними. Крім того, коли ми прибиваємо на хрест свої тілесні пожадливості і похоті, Бог вважає це за праведність і хвалить нас. Але чому пожадливості і похоті вважаються гріхами? У Посланні до галатів 5:24 написано: «А ті, що Христові Ісусові, розп'яли вони тіло з пожадливостями та з похотями». Тут говориться про те, що ми повинні сміливо позбутися цього.

«Пожадливість» означає віддавати і отримувати серце

людини. Це близькість, яку людина відчуває до іншої соби, коли вона ближче знайомиться і будує стосунки з нею. Це стосується не лише двох людей, які залицяються один до одного, але також сім'ї, друзів і сусідів. Але через ці «пожадливості» ми легко можемо стати упередженими і недалекими. Наприклад, більшість людей не прощають, коли ближній припускає невеликої помилки, однак, коли їхні діти роблять таку саме помилку, вони набагато більше великодушні і чуйні. Але такі тілесні пожадливості не допомагають народові, сім'ї або особі твердо стояти у праведності.

«Похоті» -- це те саме. Навіть Давид, якого любив Бог, зрештою вчинив смертний гріх, коли вбив чоловіка Версавії, щоб приховати факт перелюбу з нею. Саме таким чином тілесні пожадливості і похоті народжують гріх, а гріх веде до смерті. Коли вчиняється гріх, грішник напевно отримає кару.

У 7 главі Книги Ісуса Навина ми читаємо про трагічну подію, яка трапилася в результаті тілесної похоті людини. Після виходу з Єгипту під час процесу завоювання ханаанського Краю, ізраїльтяни перейшли через річку Йордан і отримали велику перемогу над містом Єрихон. Однак, після того їм завдали поразки у битві за місто Ай. Коли ізраїльтяни подивилися на причину поразки, вони виявили, що чоловік на ім'я Ахан забрав собі дещо і заховав плащ, золото і срібло з того, що було взяте в Єрихоні. Бог наказав ізраїльтянам не брати для себе нічого, що вони взяли в Єрихоні. Але Ахан не послухався.

Через гріх Ахана постраждало багато ізраїльтян. І зрештою Ахан і його діти були до смерті забиті камінням. Так само, як невелика кількість закваски квасить все тісто, один чоловік, Ахан, став причиною поразки цілого народу Ізраїля. Тому Бог обійшовся з ним так суворо. Ми спершу можемо подумати: «Як міг Бог позбавити когось життя за крадіжку одного плаща і кількох шматків золота і срібла?» Однак, для того була законна причина.

Якби фермер після завершення посіву побачив кілька бур'янів і подумав: «Та нічого, це лише один-два...», і залишив їх рости, дуже швидко бур'яни виросли би, поширилися і задушили врожай. Тоді фермер не зміг би зібрати гарний врожай. Пожадливості і похоті схожі на бур'яни, тож вони стають перешкодою на шляху до небес і на шляху отримання відповідей від Бога. Це болючі і марні розваги, які служать не для доброї мети. Тому Бог говорить, щоб ми «прибили це на хрест».

З іншого боку Аса, третій цар південного царства Юдеї, суворо приборкав свої пожадливості і похоті, догодивши тим Богові (15 глава 1 Книги Царів). Подібно до свого предка Давида, Аса вчиняв праведне в очах Бога і очистив своє царство від усіх ідолів. Коли його мати Мааха зробила ідола для Астарти, він позбавив її права бути царицею. Потім він порубав її ідола і спалив у долині Кедрон.

Ви можете подумати, що дії Аси були надмірними щодо позбавлення його матері права бути царицею лише через те, що вона поклонялась ідолу, і ви можете навіть подумати, що Аса не був гарним сином. Однак, Аса відреагував таким чином тому що він багато разів просив свою матір перестати поклонятися ідолам. Однак, вона не слухалася його. Якщо ми поглянемо на ситуацію духовними очима, зважаючи на положення Маахи у суспільстві, її ідолопоклонство було схоже на те, що весь народ поклонявся ідолу. Це могло зрештою викликати гнів Божий на весь народ. Тому Бог похвалив дії Аси щодо викорінення тілесної пожадливості його матері. Він визнав це праведним вчинком, щоб запобігти гріхам багатьох людей перед Богом.

Але це не означає, що Аса зрікся своєї матері. Він просто позбавив її права бути царицею. Як син він продовжував любити, поважати і служити їй. Так само, якщо у когось є батьки, які поклоняються хибним богам або ідолам, ви повинні зробити все можливе, щоб торкнутися їхнього серця, роблячи все, що може зробити син. Час від часу просячи мудрості у Бога, ви можете ділитися Євангелієм з ними, спонукати їх позбутися ідолів. Тоді це сподобається Богові.

Патріархи були праведними перед Богом

Бог хвалить повну покору. Він також являє Свою силу тим людям, які діють у повній покорі. Покора, яку визнає Бог, -- це покора навіть тоді, коли це здається неможливим. У 5 главі 2 Книги Царів ми читаємо історію про Наамана, начальника війська сирійського царя Арама.

Начальник війська Нааман пішов у сусідню країну до пророка Єлисея, сподіваючись вилікуватись від прокази. Він взяв із собою багато дарів і навіть лист від царя! Однак, коли він дістався того місця, Єлисей навіть не привітав його. Замість того Єлисей послав до нього посла, який сказав йому вимитися сім разів в Йордані. Почуваючись ображеним, Нааман був готовий повернути назад додому. Але слуги переконали його, він прибрав свою гордість і скорився. Він вимив своє тіло у річці Йордан сім разів. Напевно було дуже важко для чоловіка, другого після царя Арама, принизити свою гордість і скоритися таким чином після того, як Єлисей так з ним вчинив.

Тепер Єлисей зробив таким чином, тому що знав, що Бог зцілить Наамана після того, як той проявить свою віру через покору. Бог, якому подобається наша покора на відміну від принесення жертв, радів вчинку віри Наамана і повністю зцілив його від прокази. Бог вважає покору великою цінністю і Він дуже радіє, коли люди діють праведно.

Бог також дуже радіє вірі тих людей, які не шукають власної вигоди і які не йдуть на компроміс зі світом. У 23 главі Книги Буття, коли Авраам хотів поховати Сару у печері Махпела, власник якої намагався віддати землю безкоштовно. Однак, Авраам не погодився. Авраам не мав такого серця, яке б шукало вигоди для себе. Тому він хотів заплатити точну ціну за землю перед тим, як стати її власником.

І коли Содом був переможений під час війни Лота, племінника Авраама, забрали у полон, Авраам не лише врятував свого племінника, але й інших жителів Содома, також повернув їм їхнє майно. Коли цар Содомський намагався відплатити йому на знак подяки за його вчинок, Авраам відмовився. Він нічого не взяв. Оскільки його серце було праведним, він не мав пожадливості або бажання взяти те, що йому не належить.

У 6 главі Книги Пророка Даниїла ми читаємо про те, що Даниїл добре знав, що якщо він продовжить молитися Богові, його вб'ють, тому що деякі люди вчинили проти нього змову. Але, незважаючи на це, він тримав свою праведність перед Богом, не перестаючи молитися. Він не пішов на компроміс ні на мить, щоб врятувати власне життя.

Тому його було вкинено у лев'ячий рів. Але він залишився неушкоджений, повністю захищений. Він свідчив про живого Бога і прославив Його.

Незважаючи на те, що Йосипа несправедливо звинуватили і нізащо вкинули у в'язницю, він не нарікав і не ображався ні на кого (39 глава Книги Буття). Він тримав себе чистим, не йшов на компроміс із неправдою і прямував лише шляхом праведності. Тому у час, призначений Богом і способом, визначеним Богом, його було визволено із в'язниці, і він отримав почесну посаду прем'єр міністра Єгипту.

Отже, ми повинні служити Богові і ставати праведними перед Богом, роблячи те, що від нас вимагається. Ми також повинні догоджати Богові, виконуючи те, за що отримаємо похвалу від Бога. Якщо ми будемо таке робити, Бог піднесе нас, виконає побажання нашого серця і поведе у щасливе життя.

Словник

Різниця між іменами «Аврам» і «Авраам»

«Аврам» -- перше ім'я Авраама, батька віри (Книга Буття 11:26).

«Авраам», що означає «батько багатьох народів», -- це ім'я, яке Авраму дав Бог, щоб заключити з ним завіт благословення (Книга Буття 17:5). Відповідно до цього завіту він став джерелом благословення як батько віри. І його називають «другом Бога».

Благословення, отримані вірою доброю, натоптаною, струснутою, переповненою, і благословення у 30, 60 і 100 разів більші

Ми отримуємо благословення від Бога в залежності від того, наскільки ми довіряємо Богові, і застосовуємо на практиці Його Слово у своєму житті. Незважаючи на те, що, можливо, ми не видалили ще всю гріховну природу зі свого серця, коли ми сіємо і шукаємо з вірою, ми отримуємо благословення мірою доброю, натоптаною, струснутою, переповненою, які більше ніж вдвічі, ніж посіяне нами (Євангеліє від Луки 6:38). Але якщо ми стали освяченими і увійшли у дух, борючись з гріхами до крові, щоб повністю викорінити їх, тоді ми зможемо зібрати у 30 разів більше благословень. І якщо ми увійдемо ще більше у дух, ми зможемо зібрати у 60 або навіть у 100 разів більше благословень.

Розділ 10

Благослове́ння

«І промовив ГОСПОДЬ до Аврама: Вийди зо своєї землі, і від родини своєї, і з дому батька свого до Краю, який Я тобі покажу.
І народом великим тебе Я вчиню, і поблагословлю Я тебе, і звеличу ймення твоє, і будеш ти благословенням. І поблагословлю, хто тебе благословить, хто ж тебе проклинає, того прокляну. І благословляться в тобі всі племена землі! І відправивсь Аврам, як сказав був до нього ГОСПОДЬ, і з ним пішов Лот. Аврам же мав віку сімдесят літ і п'ять літ,
як виходив з Харану».
(Книга Буття 12:1-4)

Бог хоче благословляти людей. Але бувають випадки, коли Бог обирає, кого благословити, а бувають випадки, коли людина сама обирає увійти у межі Божих благословень. Деякі люди обирають увійти у Божі благословення, але потім відходять. А також бувають люди, які не мають нічого спільного з благословеннями. Давайте спочатку розглянемо випадки, коли Бог обирає когось, щоб благословити.

Авраам – батько віри

Бог – перший і останній, початок і кінець. Він задумав хід історії людства і Він продовжує керувати ним. Скажімо, наприклад, ми будуємо дім. Ми створили проект, приблизно визначивши, скільки часу продовжуватиметься будівництво, які матеріали будуть використані, скільки сталі і бетону буде необхідно, а також скільки буде необхідно стовпів. Отже, якщо розглянути історію людства зображену в образі Божого дому, існує кілька ключових людей, які є ніби «стовпами» Божого дому.

Для здійснення Свого плану Бог обирає певних людей, які розповідають іншим, що Бог – насправді живий Бог, що небеса і пекло дійсно існують. Тому Бог обирає цих людей бути стовпами. І ми бачимо, що вони досить відрізняються від звичайних людей з точки зору виготовлення їхніх сердець і їхньої пристрасті до Бога. Одним з них -- Авраам.

Авраам жив близько чотирьох тисяч років тому. Він народився в Урі халдейському. Ур був стародавнім шумерським містом, що знаходився нижче за течією і на західному березі річки Ефрат, у колисці месопотамської культури.

Бог так сильно любив і визнавав Авраама, що його називали «другом Божим». Він мав різноманітні благословення від Бога, у тому числі нащадків, багатство, здоров'я і довге життя. І це ще не все. Як сказав Бог у Книзі Буття 18:17: «Чи Я від Авраама втаю, що Я маю зробити?» Бог ясно показав Аврааму події, які мали відбутися у майбутньому.

Бог вважає віру праведністю і дає благословення

Як ви думаєте, що Бог побачив в Авраамі, що так сильно сподобалося Йому, що Він вилив так багато благословень на нього? У Книзі Буття 15:6 написано: «І ввірував Аврам ГОСПОДЕВІ, а Він залічив йому те в праведність». Бог залічив віру Авраама в праведність.

Бог сказав йому: «І промовив Господь до Аврама: Вийди зо своєї землі, і від родини своєї, і з дому батька свого до Краю, який Я тобі покажу. І народом великим тебе Я вчиню, і поблагословлю Я тебе, і звеличу ймення твоє, і будеш ти благословенням» (Книга Буття 12:1-2). Бог не сказав йому точно, куди йти, не пояснив, яку землю він має очікувати. Бог не дав йому детального плану, як він має жити після того, як залишить своє рідне місто. Він просто сказав йому вийти.

Що сталося, якби Авраам покладався на свої тілесні думки? Очевидно, що відколи він залишив батьківський дім, він став мандрівником і бурлаком. Напевно, над ним насміхалися. Якби він звертав на це увагу, він би не зміг бути покірним. Однак, Авраам ніколи не сумнівався у Божій обітниці благословень. Він просто вірив у Нього. Тому він скорився безумовно і пішов. Бог знав, якою посудиною є Авраам, і тому Він пообіцяв, що великий народ буде походити від нього. Бог також сказав, що він стане благословенням.

Бог також пообіцяв Аврааму у Книзі Буття 12:3: «І поблагословлю, хто тебе благословить, хто ж тебе проклинає, того прокляну. І благословляться в тобі всі племена землі!» Після того, як Бог побачив, що Авраам поступився своїм правом, пожертвувавши для свого племінника Лота, Бог дав йому ще одне слово благословення. У Книзі Буття 13:14-16 написано: «І промовив Господь до Аврама, коли Лот розлучився із ним: Зведи очі свої, та поглянь із місця, де ти, на північ, і на південь, і на схід, і на захід, бо всю цю землю, яку бачиш, Я її дам навіки тобі та потомству твоєму. І вчиню Я потомство твоє, як той порох землі, так, що коли хто потрапить злічити порох земний, то теж і потомство твоє перелічене буде». Бог також пообіцяв йому у Книзі Буття 15:4-5: «...Той, хто вийде з твойого нутра, він буде спадкоємець тобі. І Господь його вивів надвір та й сказав: Подивися на небо, та зорі злічи, коли тільки потрапиш ти їх полічити. І до нього прорік: Таким буде потомство твоє!»

Давши Авраамові ці сни і видіння, Бог вів Авраама через випробування. Для чого нам потрібні випробування? Припустимо, тренер або інструктор обирає спортсмена з великим потенціалом, достатнім для того, щоб представляти свою країну на Олімпійських іграх. Але цей спортсмен не може автоматично стати золотим призером. Спортсмен повинен наполегливо працювати на численних тренуваннях, напружувати сили, щоб досягти своєї мрії.

Так само сталося з Авраамом. Він повинен був набути властивостей і характерних рис, необхідних для виконання Божої обітниці, пройшовши крізь випробування. Тому, навіть проходячи крізь випробування, Авраам завжди відповідав «Амінь» і не йшов на компроміс з власними думками. Також він не шукав власної вигоди, не був егоїстичним, не мав ненависті, не ображався, не скаржився, не сумував, не заздрив і не ревнував. Він просто вірив в Божу обітницю благословень і корився з наполегливістю.

Тоді Бог дав Аврааму ще одну обітницю. У Книзі Буття 17:4-6 Бог сказав Аврааму: «Я, ось Мій заповіт із тобою, і станеш ти батьком багатьох народів. І не буде вже кликатись ім'я твоє: Аврам, але буде ім'я твоє: Авраам, бо вчинив Я тебе батьком багатьох народів. І вчиню Я тебе дуже-дуже плідним, і вчиню, щоб вийшли з тебе народи, і царі з тебе вийдуть».

Бог виготовляє якісні посудини завдяки випробуванням

Деякі люди моляться Богові, маючи мрії, які походять з їхньої пожадливості. Через пожадливість вони можуть попросити у Бога гарну роботу або багатство, яке їм не підходить. Якщо ми молимося таким чином, через егоїзм, ми не зможемо отримати відповідь від Бога (Послання Якова 4:3).

Тому ми повинні молитися про мрії і видіння, які походять від Бога. Якщо ми маємо віру у Боже Слово і коримося, Святий Дух обіймає наші серця і веде нас, так що ми можемо здійсняти свої мрії. Ми не можемо зазирнути у майбутнє навіть на одну секунду. Але якщо ми йдемо під керівництвом Святого Духу, який знає все, що відбудеться у майбутньому, тоді ми зможемо відчути силу Бога. Коли ми знищуємо свої тілесні думки і приймаємо Христа, Святий Дух обіймає і веде нас.

Якщо Бог дає нам сон, ми повинні зберегти його у своєму серці. Лише тому, що сон не справджується через день, місяць або рік молитви, ми не повинні нарікати. Бог, який дає нам сни і видіння, інколи проводить нас крізь випробування, щоб зробити нас посудинами, гідними для виконання тих снів і видінь. Коли ми стаємо людьми, які знають, як коритися Богові через ці випробування, тобто, коли ми отримуємо відповіді на свої молитви. Але оскільки думки Бога і думки людей відрізняються, ми повинні розуміти, що доки ми не зможемо зруйнувати свої тілесні думки і скоритися з вірою, випробування будуть продовжуватися. Отже, ми повинні пам'ятати, що випробування даються нам для того, щоб ми могли отримувати відповіді від Бога, тож замість того, щоб намагатися уникнути їх, ми повинні приймати їх з подякою.

Бог готує вихід навіть у часи випробувань

Якщо ми покірні, Бог змушує все працювати разом на добро. Він завжди дасть нам вихід з випробувань. У 12 главі Книги Буття ми читаємо про те, що після того, як Авраам увійшов у ханаанський Край, там почався великий голод, тому Авраам пішов у Єгипет.

Оскільки його дружина Сара була дуже гарною, Авраам боявся, що хтось в Єгипті може домагатися її і вбити його, щоб взяти її собі. Тоді це було цілком можливо, тому Авраам представив її як свою сестру. Формально, Сара наполовину була його сестрою, тож то не було неправдою. Але тоді віра Авраама не була повністю зрощена до такої міри, щоб він про все питав Бога. Тож то був випадок, коли він покладався на свої тілесні думки.

Сара була такою гарною, що фараон Єгипту наказав привести її у палац. Авраам думав, що сказати людям, що

Сара його сестра, буде найкращим виходом у датній ситуації, але так він загубив свою дружину. Завдяки цьому випадку Авраам отримав великий урок. І починаючи з цього моменту він навчився в усьому довіряти Богові.

В результаті Бог наслав великі кари на фараона і його дім через Сару, і фараон негайно повернув Сару Аврааму. Оскільки Авраам покладався на свої тілесні думки, він проходив крізь тимчасові випробування, але врешті йому не було завдано шкоди. І він отримав великі матеріальні здобутки: овець, велику рогату худобу, слуг і ослів. Як написано у Посланні до римлян 8:28: «І знаємо, що тим, хто любить Бога, хто покликаний Його постановою, усе допомагає на добре», для людей, які покірні Богові, Він готує вихід з випробувань і перебуває з ними під час випробувань. Вони можуть у певний час мати тяжкі випробування, але зрештою вони пройдуть їх з вірою і отримають благословення.

Припустимо, людина живе на заробітну платню, яку отримує щодня. Якщо людина буде дотримуватися Дня Господнього, її рідні будуть ходити голодними цілий день. У такій ситуації людина віри скориться Божій заповіді і святитиме День Господній, навіть якщо це буде означати залишитись голодними. Чи буде така людина і його родина голодними? Звичайно ні! Так само, як Бог посилав манну, щоб нагодувати народ Ізраїлю, Бог з любов'ю нагодує і одягне покірних Йому людей.

Тому в Євангелії від Матвія 6:25 Ісус сказав: «Не журіться про життя своє що будете їсти та що будете пити, ні про тіло своє, у що зодягнетеся. Чи ж не більше від їжі життя, а від одягу тіло?» Пташки у небі не сіють і не жнуть, не збирають корм у житниці. Лілії на полі також не трудяться і не прядуть. Але Бог годує і одягає їх. Тож невже Бог не попіклується про Своїх дітей, які покірні Йому і шукають Його волі, так що їх не спіткатимуть випробування?

Бог благословляє навіть під час випробувань

Якщо ми проаналізуємо людей, які діяли відповідно до Божого Слова і йшли праведним шляхом, ми побачимо, що навіть у період випробувань Бог робить так, що зрештою все чиниться на добре. Незважаючи на те, що поточні обставини, які вони спостерігають, важкі і болісні, зрештою вони перетворюються на благословення.

Коли південне царство Юдея було зруйноване, три товариша Даниїла потрапили у вавілонський полон. Незважаючи на те, що вони дуже налякалися, що їх вкинуть у піч, вони не поклонилися ідолу, і зовсім не пішли на компрос із цим світом. Оскільки вони вірили у силу Бога, вони вірили, що навіть якщо їх вкинуть у піч, Бог зможе врятувати їх. І навіть якщо вони не спасуться, вони були сповнені рішучості триматися своєї віри і не вклонятися жодним ідолам. Вони явили таку віру. Для них Закон Бога був важливіший, ніж закон їхньої країни.

Почувши про непокору трьох юнаків, цар оскаженів і збільшив температуру печі у сім разів. Трьох товаришів Даниїла зв'язали і вкинули у піч. Але оскільки Бог оберігав їх, жодна волосина на їхніх головах не обпалилася, і запах вогню не ввійшов у них (Книга Пророка Даниїла 3:13-27).

Те саме сталося з Даниїлом. Незважаючи на те, що існував наказ, де говорилося, що якщо хтось буде молитися комусь іншому окрім царя, той буде вкинений у лев'ячий рів, Даниїл корився лише Божій волі. Він не вчинив гріх, не перестав молитися і як завжди він продовував молитися, повернувшись до Єрусалиму, тричі на день. Зрештою Даниїла вкинули у лев'ячий рів, але Бог послав ангелів і закрив пащі левам, тож Даниїл залишився повністю неушкоджений.

Чудово бачити, як людина не йде на компроміс зі світом і тримається своєї віри! Праведний вірою жити буде. Якщо ви догоджаєте Богові вірою, Він відгукнеться благословеннями. Навіть якщо ви опинилися на краю життя, якщо ви покірні і являєте свою віру до останнього, Бог створить для вас вихід і завжди буде з вами.

Авраам також отримав благословення посеред випробувань. І це ще не все. Навіть люди, які були поряд з ним, отримали благословення через нього. У наш час вода дуже цінна на Близькому Сході, там, де розташований Ізраїль. Вона також була цінною у часи Авраама. Ті місця, куди приходив Авраам, не лише були багаті на воду, але оскільки він мав багато благословень, його племінник Лот також отримав благословення і мав великі отари і стада, а також золото і срібло.

У ті часи володіти значною кількістю великої рогатої худоби означало мати багато їжі і велике багатство. Коли його племінник Лот був взятий у полон, Авраам взяв 318 натренованих слуг, щоб визволити його. Лише цей приклад говорить нам про те, який він був багатий. Через Авраама, який старанно корився Божому Слову, земля і край, де він жив, мав благословення, і люди, які були разом з ним, також мали благословення.

Навіть царі сусідніх країн не могли нічого зробити Аврааму, тому що він був дуже шанованою людиною. Авраам отримав всі благословення, які може отримати людина у житті: славу і багатство, могутність, здоров'я і дітей. Як написано у 28 главі Книги Повторення Закону, Авраам був людиною, яка отримувала благословення коли входив і коли виходив. Також як справжня дитина Бога, він став коренем благословень і батьком віри. Крім того, він зрозумів глибоку сутність Бога, так що Бог міг навіть ділитися Своїм серцем з Авраамом і назвав його Своїм «другом». Яка слава і благословення!

Якою була посудина Авраама

Авраам був таким благословенним, тому що мав добру «властивість посудини». Він був чоловіком, який мав любов, яка описана у 13 главі 1 Послання до коринтян, і приносив дев'ять плодів Святого Духу, які описані у 5 главі Послання до галатів.

Наприклад, Авраам чинив справедливо і з любов'ю в усьому. Він ніколи не мав ненависті і ворожнечі до людей. Він ніколи не звертав уваги на слабкості інших людей і служив всім людям. Оскільки він мав плід радості, незалежно від випробувань, що спіткали його, він ніколи не сумував і не гнівався. Оскільки він повністю довіряв Богові, він завжди міг радіти. У будь-якій ситуації він ніколи не проявляв свої емоції і не приймав упереджених рішень. Він був терплячий і завжди слухав голос Бога.

Авраам також був милосердною людиною. Коли він повинен був розділитися зі своїм племінником Лотом, хоча він був старший за нього, він дозволив Лоту першому обрати землю для себе. Він промовив: «Коли підеш ліворуч, то я піду праворуч, а як ти праворуч, то піду я ліворуч» і дозволив Лоту обрати кращу землю. Більшість людей подумають, що людина, яка має вищу посаду або звання, повинна робити кращий вибір. Однак Авраам був чоловіком, який міг віддавати, який служив і жертвував собою заради інших.

Також, оскільки Авраам зростив серце духовної праведності, коли Лотові загрожувало знищення разом із Содомом, він заступився за нього (Книга Буття 18:22-32). В результаті він отримав обітницю від Бога, що Він не знищить місто, якщо там знайдеться десять праведних людей. Однак, у Содомі і Гоморрі не знайшлося навіть десять праведних людей, тому міста були знищені. Але навіть тоді Бог врятував Лота через Авраама.

Як написано у Книзі Буття 19:29: «І сталося, як нищив Бог міста тієї околиці, то згадав Бог Авраама, і вислав Лота з середини руїни...», Бог врятував улюбленого племінника Авраама, Лота, щоб Авраам не журився у своєму серці.

Авраам був вірний Богові так, що був готовий принести у жертву свого єдиного сина Ісака, якого він народив у віці ста років. Дивлячись на те, як він навчав свого сина або ставився до своїх слуг і сусідів, можна сказати, що він був таким ідеальним і вірним в усьому Божому домі, що його навіть можна було вважати бездоганним. Він ніколи необачно не протистояв нікому, він завжди був спокійний і лагідний. Він служив і допомагав всім, маючи прекрасне серце. Він був дуже стриманим, ніколи не поводився недоречно, ніколи не переступав межі.

Таким чином, Авраам повністю приносив дев'ять плодів Святого Духу, йому не бракувало жодного плоду. Він також мав добре серце. Зрештою, він був дуже гарною посудиною. Однак, стати благословенною людиною, якою був Авраам, зовсім не важко. Ми просто повинні намагатися перевершити його. Оскільки Всемогутній Бог-Творець – це наш Батько, чому б Йому не відповідати на молитви і прохання Своїх дітей?

Цей процес становлення схожим на Авраама не повинен бути важким. Єдина складність полягає у тому, що наші думки випереджають нас. Якщо ми повністю довіряємо Богові і покладаємося на Нього, тоді Бог Авраама потурбується про нас і поведе нас шляхом благословень!

Словник і тлумачення понять

Покора і благословення Ноя, праведного чоловіка

«Це ось оповість про Ноя. Ной був чоловік праведний і невинний у своїх поколіннях. Ной з Богом ходив. І Ной породив трьох синів: Сима, Хама й Яфета» (Книга Буття 6:9-10).

Перший чоловік Адам дуже довго жив в еденському раї. Але після того, як він згрішив, він був вигнаний з еденського раю і пізніше почав жити на землі. Приблизно через 1000 років народився Ной, який був нащадком Сифа, чоловік, який поважав Бога. Ной, який також був нащадком Еноха, навчився від свого батька Ламеха і діда Метушалаха і став чоловіком правди у грішному світі. Оскільки він хотів віддати Богові все, що мав, він тримав своє серце чистим і не одружувався доки не дізнався, що Бог має особливий план для його життя. Тож у віці п'ятисот років Ной одружився і в нього зявилася сім'я (Книга Буття 5:32).

Ной знав про суд потопом, що через нього розпочнеться нова цивілізація людей. Тому він присвятив своє життя покорі Божій волі. Тому Бог обрав Ноя, який був праведним чоловіком і який буде щиросердо будувати ковчег, не покладаючись на власні думки, доводи чи виправдання.

Духовний символізм ковчега Ноя

«Зроби собі ковчега з дерева ґофер. З перегородками зробиш ковчега, і смолою осмолиш його ізсередини та ізнадвору. І отак його зробиш: три сотні ліктів довжина ковчега, п'ятдесят ліктів ширина йому, а тридцять ліктів височина йому. Отвір учиниш в ковчезі, і звузиш на лікоть його від гори, а вхід до ковчегу влаштуєш на боці його. Зробиш його на поверхи долішні, другорядні й третьорядні» (Книга Буття 6:14-16).

Ковчег Ноя був масивною будовою: 138 метрів задовжки, 23 метри завширшки, 14 метрів заввишки, був побудований близько 4500 років тому. В результаті впливу людей з еденського раю знання і уміння Ноя були надзвичайними, але оскільки він будував ковчег за задумом Бога, Ной і його сім'я з восьми осіб, а також різноманітні тварини змогли вижити протягом сорокаденного потопу, перебуваючи у ковчезі більше року.

Ковчег - це духовний символ Божого Слова, а увійти у ковчег означає спасіння. Три поверхи ковчегу символізують факт триєдиного Бога: Отця, Сина і Святого Духа, що завершать історію зрощення людства.

гора Арарат, де зупинився ковчег

Суд потопом, який відбувся за Божим судом
«І сказав Господь Ноєві: Увійди ти й увесь дім твій до ковчегу, бо Я бачив тебе праведним перед лицем Своїм в оцім роді» (Книга Буття 7:1).

«Ось бо по семи днях Я литиму на землю дощ сорок день і сорок ночей, і всяку істоту, яку Я вчинив, зітру з-над поверхні землі! І зробив Ной усе, як звелів був ГОСПОДЬ» (Книга Буття 7:4-5).

Бог давав людям багато можливостей покаятися до потопу. Протягом всього часу, коли будувався ковчег, Бог велів Ною проголошувати звістку про необхідність покаяння для людей, але єдиними, хто повірив і послухався Ноя, були його рідні. Увійти у ковчег означає залишити все, чим ви насолоджувалися на землі, і позбутися того.
Хоча люди зайшли надто далеко, щоб повернутися, Бог навіть дав людям попередження за сім днів, щоб вони покаялися і уникли покарання. Він не хотів, щоб їх спіткала кара. Маючи серце, повне любові і милосердя, Бог до останнього давав їм шанс. Однак, жоден з них не покаявся і не зайшов у ковчег. Насправді, вони згрішили ще більше! Кінець кінцем, вони були покарані потопом.

Про суд

«…а про суд, що засуджений князь цього світу».

(Євангеліє від Івана 16:11)

«ГОСПОДЬ судить людей, суди ж мене, Господи, за моєю правотою й за моєю невинністю». (Псалом 7:9)

«Ти кажеш: Невинна я, Його гнів відвернувся від мене направду... Ось Я буду змагатись з тобою за те, що ти кажеш: Я не прогрішила!» (Книга Пророка Єремії 2:35)

«А Я вам кажу, що кожен, хто гнівається на брата свого, підпадає вже судові. А хто скаже на брата свого: рака, підпадає верховному судові, а хто скаже дурний, підпадає геєнні огненній». (Євангеліє від Матвія 5:22)

«...і повиходять ті, що чинили добро, на воскресення життя, а котрі зло чинили, на воскресення Суду». (Євангеліє від Івана 5:29)

«І як людям призначено вмерти один раз, потім же суд». (Послання до євреїв 9:27)

«Бо суд немилосердний на того, хто не вчинив милосердя. Милосердя бо ставиться вище за суд». (Послання Якова 2:13)

«І бачив я мертвих малих і великих, що стояли перед Богом. І розгорнулися книги, і розгорнулась інша книга, то книга життя. І суджено мертвих, як написано в книгах, за вчинками їхніми». (Книга Об'явлення 20:12)

Розділ 11

Гріх непокори Богу

«І до Адама сказав Він: За те, що ти послухав голосу жінки своєї та їв з того дерева, що Я наказав був тобі, говорячи: Від нього не їж, проклята через тебе земля! Ти в скорботі будеш їсти від неї всі дні свойого життя. Тернину й осот вона буде родити тобі, і ти будеш їсти траву польову. У поті свойого лиця ти їстимеш хліб, аж поки не вернешся в землю, бо з неї ти взятий. Бо ти порох, і до пороху вернешся».
(Книга Буття 3:17-19)

Багато людей говорять, що життя само по собі є тяжким випробуванням. В Біблії говориться про те, що народитися і жити у цьому світі – це біль. У Книзі Йова 5:7 Еліфаз сказав Йову, який страждав: «Бо людина народжується на страждання, як іскри, щоб угору летіти...» Людина, яка має мало, важко працює, щоб заробити на життя, а людина, яка має багато, посилено трудиться для інші проблеми у житті. І після того, як людина наполегливо трудиться для досягнення певної мети, і здається, що якимось чином мета досягнута, наступають сутінки життя. Коли приходить час, навіть найздоровіша людина помирає.

Жодна людина не може уникнути смерті. Тож якщо ви подивитесь на це, то життя можна порівняти з швидкоплинним туманом або високою хмарою. Тож чому людей спіткають різноманітні випробування у цьому колесі життя? Першою і справжньою причиною є гріх непокори Богові. На прикладі Адама, Саула і Каїна ми можемо детально побачити наслідок гріха непокори Богу.

Адам – чоловік, створений за образом Бога

Бог-Творець створив першого чоловіка, Адама, за власним образом, а потім вдихнув у його ніздрі подих життя, і він став живою душею, або живим духом (Книга Буття 2:7). Бог насадив сад в Едені на сході і там помістив людину. Потім Він промовив: «Із кожного дерева в Раю ти можеш їсти. Але з дерева знання добра й зла не їж від нього, бо в день їди твоєї від нього ти напевно помреш!» (Книга Буття 2:16-17).

Побачивши, що недобре Адаму залишатися одному, Бог взяв одне із ребер Адама і створив Єву. Бог благословив їх і сказав плодитися і розмножуватися. Він також дозволив Адаму панувати над всією рибою морською, птаством небесним і над кожним плазуючим живим на землі (Книга Буття 1:28). Отримавши це велике благословення від Бога, Адам і Єва мали досить їжі, багато нащадків, їхнє життя було щасливим.

Спочатку Адам, як новонароджена дитина, не мав нічого у своїй пам'яті. Він був абсолютно порожній. Однак, Бог ходив з Адамом і вчив його, щоб він міг жити, як пан всього створіння. Бог розповів Адаму про Себе, про всесвіт, про духовні закони. Бог також навчив Адама жити як духовна людина. Він дав йому знання про добро і зло. Протягом багатьох років Адам корився Божим наказам і довгий час жив в еденському раї.

Адам їв заборонений плід

Одного дня сталося так, що ворог, диявол і сатана, правитель повітря, підбурив змія, найхитрішого з усіх тварин, і спокусив через нього Єву. Змій, спровокований сатаною, знав, що Бог сказав чоловіку не їсти з дерева, що посередині еденського раю. Але щоб спокусити Єву, змій запитав: «Але змій був хитріший над усю польову звірину, яку Господь Бог учинив. І сказав він до жінки: Чи Бог наказав: Не їжте з усякого дерева раю?» (Книга Буття 3:1)

Як відповіла Єва на запитання? Вона сказала: «І відповіла жінка змієві: З плодів дерева раю ми можемо їсти, але з плодів дерева, що в середині раю, Бог сказав: Не їжте із нього, і не доторкайтесь до нього, щоб вам не померти» (Книга Буття 3:2-3). Бог конкретно сказав: «В день їди твоєї від нього ти напевно помреш!» (Книга Буття 2:17). Чому Єва змінила слова Бога, сказавши «щоб вам не померти»? «Щоб» означає «щоб боялися». Ці слова означають, що не існує безумовності. «Мати страх померти» і «напевно померти» -- це різні фрази. Це підтверджує, що вона не закарбувала слова Бога у своєму серці. Її відповідь підтверджує, що вона не мала абсолютної віри у той факт, що вони «непевно помруть».

Хитрий змій не оминув цієї можливості і одразу атакував: «Умерти не вмрете! Бо відає Бог, що дня того, коли будете з нього ви їсти, ваші очі розкриються, і станете ви, немов Боги, знаючи добро й зло» (Книга Буття 3:4-5). Змій не просто збрехав, а й спровокував почуття пожадливості в Єви! І оскільки змій роздмухав пожадливість у розумі Єви, дерево знання добра і зла, яке Єва навіть не думала чіпати, або навіть проходити близько, насправді почало виглядати добре і смачно. Насправді воно досить гарно виглядало, щоб зробити когось мудрим! Тож зрештою Єва їла заборонений плід і також дала його їсти своєму чоловікові.

Результат гріха непокори Адама Богові

Отже, саме так Адам, прабатько людства, не скорився Божому наказу. Оскільки Адам і Єва не вписали твердо наказ Бога у свої серця, їх спокусив ворог, диявол і сатана, і вони порушили Божий наказ. Отже, як сказав Бог, Адам і Єва повинні були «напевно померти».

Однак, ми читаємо в Біблії і бачимо, що вони не померли одразу. Насправді вони жили ще багато років і мали багато дітей. Коли Бог сказав: «Ти напевно помреш», Він мав на увазі не лише фізичну смерть, коли людина перестає дихати. Він говорив про основну смерть – смерть духу. Спочатку людина була створена з духом, який міг спілкуватись з Богом, душею, якою управляв дух, і тілом, яке служило храмом для душі і духу (1 Послання до солунян 5:23). Тож коли людина порушила наказ Бога, дух, який є господарем людини, помер.

І оскільки дух людини помер в результаті гріха непокори Богу, спілкування людини з Богом було розірване, тому людина більше не могла жити в еденському раї. Так сталося тому, що грішник не може співіснувати з Богом у Його присутності. Саме тоді почалося випробування людства. Біль жінки під час вагітності набагато посилилася, тепер у муках вона мала народжувати дітей; пожадання її буде до її чоловіка, і він буде панувати над жінкою. У поті лиця всі дні свого життя чоловік буде їсти від землі, яка проклята через нього (Книга Буття 3:16-17). Все творіння було прокляте разом з Адамом і мало страждати разом з ним. На довершення всього, всі нащадки Адама, народжені по його родовій лінії, народжувалися грішниками і йшли шляхом смерті.

Чому Бог посадив дерево знання добра і зла

Дехто може поцікавитися: «Невже Всемогутній Бог не знав, що Адам їстиме заборонений плід?» Якщо Він знав, для чого Він посадив дерево в еденському раї і дозволив Адаму не послухатися? Якби заборонений плід не існував, чи завадило б це Адаму вчинити гріх? Однак, якби Бог не помістив заборонений плід у Раї, чи відчули б Адам і Єва вдячність, радість, щастя і любов? Мета Бога помістити заборонений плід в еденському раї полягає не в тому, щоб змусити нас піти шляхом смерті. То було Боже провидіння, навчити нас відносності.

Оскільки все в еденському раї – це частина істини, люди у раї не можуть розуміти, що таке істина. Оскільки там не існує зла, люди не знають, що таке ненависть, страждання, хвороби або смерть. Тому взагалі люди там не розуміють, що таке справжнє щасливе життя, яке вони мають там. Оскільки вони ніколи не відчували щастя, вони не знають, що таке справжнє щастя. Тому дерево знання добра і зла було необхідно.

Бог бажав мати істинних дітей, які розуміють, що таке справжня любов і щастя. Якби перший чоловік Адам знав, що таке справжнє щастя, коли він жив в еденському раї, тоді як він міг не скоритися Богові? Тому Бог насадив дерево знання у раї і зрощує людство тут, на землі, щоб люди могли дізнатися про відносність всього. Завдяки цьому процесу зрощення людина відчула радість, невдачу, добро і зло – все завдяки відносності. Лише коли людина завдяки цьому процесу дізналася істину, вона дійсно змогла зрозуміти і полюбити Бога всім серцем.

Як звільнитися від прокляття, спричиненого гріхом

Коли Адам жив в еденському раї, він корився Богові і дізнавався про праведність від Бога. Але після того, як він не послухався, його нащадки стали рабами ворога-диявола і вони стали більше і більше заражатися злом з кожним наступним поколінням. Чим більше минало часу, тим більш лихими вони ставали. Вони не лише народжувались з гріхом, який вони успадкували від своїх батьків, але також вони записували більше гріхів у своєму розумі, оскільки вони зростали і вчилися через те, що вони бачили і чули. Бог знав, що Адам їстиме заборонений плід. Він знав, що весь світ наповниться гріхом. Він також знав, що люди підуть шляхом смерті. Тому Він підготував Спасителя, Ісуса Христа, ще до початку віків. У призначений час Він послав Ісуса у цей світ.

Щоб навчити людей Божій волі, Ісус поширював Євангеліє Царства Небесного, являв ознаки і дива. Потім Він був розіп'ятий на хресті і пролив Свою дорогоцінну кров, щоб заплатити ціну за гріхи всього людства. Тому кожен, хто приймає Ісуса Христа, отримує у дар Святого Духа. Шлях спасіння відкрився для тих, хто позбувається неправди і живе в істині, тримаючись керівництва Святого Духа. Якщо люди повернуть собі образ Бога, який колись було втрачено, якщо вони шануватимуть Бога і будуть виконувати Його закони, що є обов'язком людей (Книга Екклезіястова 12:13), тоді вони зможуть мати всі благословення, які Бог приготував для них. Вони можуть мати не лише достаток і здоров'я, але також вічне життя у вічних благословеннях.

Як говорилося вище, коли ми приходимо у Світло, ми можемо звільнитися від пастки прокляття гріхом. Яким спокійним стає наше серце після того, як ми каємося і сповідуємо віру, позбуваємося гріхів і вирішуємо жити відповідно до Божого Слова! Коли ми віримо у Боже Слово і отримуємо молитву, ми бачимо, як ми звільняємося від хвороб, труднощів, випробувань і нещасть. Бог радіє за Своїх дітей, які приймають Ісуса Христаі живуть у праведності, Він звільняє їх від усіх проклять.

Результат гріха непокори Саула Богові

Саул став першим царем, коли ізраїльський народ попросив дати йому царя. Він був з коліна Веніяміна, і в Ізраїлі не знайшлося нікого, хто б був таким же вишуканим і лагідним, як він. У той час, коли Саула було помазано на царство, він був дуже покірним чоловіком, який вважав себе меншим за інших. Але, ставши царем, поступово Саул перестав коритися Божим наказам. Він принизив посаду первосвященика і діяв нерозумно (1 Книга Самуїлова 13:8-

13), а зрештою вчинив гріх непокори.

У 15 главі 1 Книга Самуїлової Бог наказав Саулу повністю знищити амаликитян, але Саул не послухався. Причина, чому Бог наказав йому знищити амаликитян, записана у 17 главі Книги Вихід. Коли ізраїльтяни після виходу з Єгипту йшли у ханаанський Край, амаликитяни воювали з ізраїльтянами.

Тому Бог пообіцяв стерти пам'ять амаликову з-під неба (Книга Вихід 17:14), і оскільки Бог не відмовляється від Своїх слів, Він планував виконати Свою обіцянку через сотні років, за часів правління Саула. Через пророка Самуїла Бог наказав: «Тепер іди, і поб'єш Амалика, і вчиниш закляттям усе, що його, і не змилосердишся над ним. І позабиваєш усе, від чоловіка аж до жінки, від дитини й аж до немовляти, від вола й аж до штуки дрібної худобини, від верблюда й аж до осла» (1 Книга Самуїлова 15:3).

Однак Саул не послухався Бога. Він взяв у полон царя Аґаґа, а також кращих овець, биків, з товару вгодованого, ягнят і все, що було найкраще. Він хотів показати свій здобуток народові і отримати від нього похвалу. Саул зробив те, що він вважав правильним з його точки зору, але не послухався Бога. Пророк Самуїл пояснив так, як було зрозуміло Саулу, але Саул все одно не покаявся, а лише виправдовувався (1 Книга Самуїлова 15:17-21). Саул сказав, що привів кращих овець і велику рогату худобу, щоб люди приносили жертви Богу.

Як ви дамаєте, що сказав Бог про цей гріх непокори? У 1 Книзі Самуїловій 15:22-23 написано: «Таж послух ліпший від жертви, покірливість краща від баранячого лою! Бо непокірливість як гріх ворожбитства, а свавільство як провина та служба бовванам». Гріх непокори – це ніби гріх ворожбитства та служіння бовванам. Ворожбитство – це чаклунство, смертний гріх, який підлягає Божому суду, а поклоніння ідолам – це гріх, який Бог вважає гидотною.

Зрештою, Самуїл покарав Саула: «Через те, що ти відкинув ГОСПОДНІ слова, то Він відкинув тебе, щоб не був ти царем» (1 Книга Самуїлова 15:23). Але Саул не каявся щиро. Замість того, щоб тримати гарну репутацію, він просить Самуїла вшанувати його перед народом (1 Книга Самуїлова 15:30). Що може бути страшнішим і сумнішим ніж бути знехтуваним Богом? Але це стосується не лише Саула. Це також стосується нас сьогодні. Якщо ми не коримося Божому Слову, ми не зможемо уникнути наслідків того гріха. Це стосується як наших народів, так і наших сімей.

Наприклад, якщо слуга не кориться царю і чинить так, як йому забажається, він повинен заплатити штраф за свій гріх. Батькам дуже сумно, якщо дитина їх не слухається і поводиться погано. Оскільки непокора призводить до руйнування миру, за цим приходять біль і страждання. В результаті непокори Саула Богові, він не лише втратив славу і владу, але його також мучили злі духи і кінець кінцем він загинув на полі бою, а його смерть була жалюгідною.

Результат гріха непокори Каїна Богові

У 4 главі Книга Буття ми читаємо про двох синів Адама: Каїна і Авеля. Каїн обробляв землю, а Авель займався скотарством. Через деякий час Каїн приніс жертву Богові від плоду землі, і Авель також приніс від своїх первородних з отари та від їхнього лою. Бог зглянув на Авеля і на жертву його, а на Каїна і жертву його не зглянув.

Коли Адама було вигнано з еденського раю, Бог сказав йому, що він повинен приносити жертви з кров'ю тварин, щоб отримати прощення (Послання до євреїв 9:22). Адам спеціально навчав своїх синів, як робити жертвоприношення з кров'ю, і Каїн та Авель дуже добре знали про те, які жертви бажає Бог. Авель мав добре серце, тому він скорився і робив саме так, як його навчили, і приносив жертви саме так, як хотів Бог. А Каїн приніс жертву, покладаючись на власні думки, так, як йому було зручно. Тому Бог прийняв жертву Авеля, а жертву Каїна не прийняв.

Те саме стосується нас сьогодні. Богові подобається наше поклоніння, коли ми поклоняємося Йому всім серцем, всім розумом, абсолютно, у дусі та істині. Однак, якщо ми поклоняємося Йому відповідно до наших забаганок, якщо ми живемо християнським життям лише для власної вигоди, тоді ми не маємо нічого спільного з Богом.

У Книзі Буття 4:7 Бог говорить Каїну: «Отож, коли ти добре робитимеш, то підіймеш обличчя своє, а коли недобре, то в дверях гріх підстерігає. І до тебе його пожадання, а ти мусиш над ним панувати». Бог намагався поінформувати Каїна, щоб той не вчинив гріх. Але Каїн не міг опанувати гріх і вбив свого брата.

Якби Каїн мав добре серце, він би відвернувся від своїх шляхів і разом зі своїм братом він приніс би жертву, яка догоджає Богові. Тоді не було б жодних проблем. Однак, оскільки він був лихий, він пішов проти волі Бога. Це породило заздрість і убивство, які є справами плоті, і в результаті суду він був проклятий. Зрештою, Бог сказав Каїну: «А тепер ти проклятий від землі, що розкрила уста свої, щоб прийняти кров твого брата з твоєї руки. Коли будеш ти порати землю, вона більше не дасть тобі сили своєї.

Мандрівником та заволокою будеш ти на землі», і відтоді Каїн став людиною, яка постійно тікає (Книга Буття 4:11-12).

Наразі ми дізналися на прикладі життя першого чоловіка, Адама, царя Саула і Каїна, що непокора Богові є смертним гріхом, і які великі випробування і нещастя спіткають людину внаслідок цього. Коли віруюча людина, яка знає Боже Слово, не кориться, це називається непокорою Богові. Якщо віруюча людина не отримує благословення процвітання в усіх сферах життя, це означає, що якимось чином вона чинить такий гріх проти Бога.

Тому ми повинні зруйнувати стіну гріха, що стоїть між нами і Богом. Бог послав Ісуса Христа і Слово істини у цей світ, щоб дати істинне життя людям, які живуть у полоні страждань через гріх. Якщо ми не живемо відповідно до цього слова істини, результатом є смерть.

Ми повинні жити відповідно вчення Господа, яке веде нас до спасіння, вічного життя, відповідей на молитви і благословень. Ми не повинні чинити гріх непокори, постійно перевіряючи себе на гріхи, каятися і коритися Слову, щоб отримати повне спасіння.

Розділ 12

«Зітру я людину з поверхні землі»

«І бачив ГОСПОДЬ, що велике розбещення людини на землі, і ввесь нахил думки серця її тільки зло повсякденно. І пожалкував був ГОСПОДЬ, що людину створив на землі. І засмутився Він у серці Своїм. І промовив ГОСПОДЬ: Зітру Я людину, яку Я створив, з поверхні землі, від людини аж до скотини, аж до плазунів, і аж до птаства небесного. Бо жалкую, що їх Я вчинив. Але Ной знайшов милість у ГОСПОДНІХ очах. Це ось оповість про Ноя. Ной був чоловік праведний і невинний у своїх поколіннях. Ной з Богом ходив».
(Книга Буття 6:5-9)

В Біблії ми читаємо про те, яким великим був гріх людини за часів Ноя. Бог дуже жалкував, що створив людину, і заявив, що зітре людину з поверхні землі через кару потопом. Бог створив чоловіка, ходив з ним, вилив на нього Свою велику любов, тож чому Він мав так покарати людину? Давайте розглянемо причини Божого суду, як ми можемо уникнути Божої кари і навпаки, отримати благословення.

Різниця між поганою і доброю людиною

Оскільки ми взаємодіємо з людьми, ми отримуємо певні враження щодо них. Інколи ми можемо відчувати погані вони, чи добрі. У більшості випадків люди, які зростають у гарному середовищі і отримали належну освіту, мають м'який характер і добре серце. І навпаки, люди, які зростали у жорсткому середовищі, які пабачили і відчули багато лихого, що далеке від істини, ймовірніше матимуть спотворену особистість, і вони можуть бути схильними до злочинів. Звичайно, є такі люди, які, прямують неправедним шляхом, хоча виросли у гарному середовищі, а також ті, хто подолав своє несприятливе середовище і став успішною і гарною людиною. Але скільки людей ймовірніше зростали у гарних умовах і отримали гарну освіту, і до того ж намагаються жити достойно?

Якщо розглянути приклади гарних людей, можна назвати Діву Марію, яка народила Ісуса, а також її чоловіка Йосипа. Коли Йосип дізнався, що Марія завагітніла, хоча він не був з нею, що він зробив? За Законом того часу особа, яка вчинила перелюб, мала бути побита камінням до смерті. Однак, Йосип не видав її. Він хотів тихо розірвати заручини. Він мав дійсно добре серце!

Є також приклад лихої людини, Авесалома. Коли його брат Амнон згвалтував його сестру, той вирішив у своєму серці помститися. Знайшовши слушний час, Авесалом вбив Амнона. Він навіть обурився на свого батька Давида через цей випадок. Зрештою він очолив повтання проти свого батька. Всі ці лихі події призвели до трагічної смерті Авесалома.

Тому в Євангелії від Матвія 12:35 написано: «Добра людина з доброго скарбу добре виносить, а лукава людина зо скарбу лихого виносить лихе». Для багатьох людей коли вони зростають незалежно від їхніх намірів, зло природно насаджується в них. Давно, проте не часто, були люди, які хотіли померти за свою країну і свій народ. Однак сьогодні у наш вік дуже важко знайти таких людей. Хоча люди забруднилися злом, багато людей навіть не розуміють, що таке зло, вони продовжують жити, вважаючи себе правими.

Чому настане Божий суд?

Якщо ми розглянемо те, що написано в Біблії, або історію людства, незалежно від часу, коли гріхи людства досягали своєї вершини і чинилися без обмежень, відбувалася сувора Божа кара. Ми можемо розподілити Божі кари на три основні категорії.

Коли Божа кара спадає на невіруючих, вона може торкнутися як цілий народ, так і окрему особу. Існують також випадки, коли Божа кара може впасти на Його народ. Коли народ вчиняє гріх, який виходить за межі моральної поведінки людства, велике нещастя охоплює весь народ. Якщо людина вчиняє гріх, який заслуговує кари, Бог знищить її. Коли народ Божий вчиняє гріх, Бог дисциплінує його. Оскільки Бог любить Свій народ, Він дозволяє, щоб з ним відбувалися випробування і нещастя, щоб вони навчилися зі своїх помилок і відвернулися від них.

Як Творець, Бог не лише управляє всіма народами на

землі, але як Суддя, Він також дозволяє людині «пожати посіяне». У минулому, коли люди не знали Бога, якщо вони зі щирим серцем шукали Бога або намагалися жити у праведності, Бог інколи відкривав Себе у снах, даючи їм знати, що Він живий.

Цар Вавилонської імперії Навуходоносор не вірив у Бога, але Бог все одно явив йому уві сні події, які відбудуться у майбутньому. Він не знав Бога, але він був досить великодушним, щоб вибрати еліту з-поміж полонених. Він навчав їх про вавилонську цивілізацію і навіть призначив їх на основні посади в імперії. Він зробив це, тому що в одному кутку свого серця він визнавав верховного бога. Тож навіть якщо людина не знає Бога, якщо вона намагається мати праведне серце, Бог знайде шлях відкрити їй, що Він живий Бог, і Він нагородить цю людину відповідно до її справ.

Як правило, коли невіруючі чинять зло, Бог не карає їх, якщо лише це не щось надто серйозне. Ті люди не знають, що таке гріх, і вони не мають нічого спільного з Богом. З духовної точки зору вони схожі на незаконних дітей. Зрештою вони потраплять до пекла, вони вже засуджені на смертну кару. Звичайно, якщо їхній гріх досяг своєї межі і вони приносять велику шкоду іншим людям, якщо їхнє зло не контролюється і не має нічого спільного з людянністю, навіть якщо вони не мають нічого спільного з Богом, Він не буде терпіти їх. Тому що Бог – суддя, який судить поміж добром і злом всього людства.

У Книзі Дії 12:23 написано: «І Ангол Господній уразив зненацька його, бо він не віддав слави Богові. І черва його з'їла, і він умер...» Цар Ірод був невіруючим, він вбив Якова, одного з дванадцяти учнів Ісуса. Він також ув'язнив Петра. Але коли він став гордий, ніби він бог, Бог вразив його, черв'яки з'їли його, і він помер. Навіть якщо людина не знає Бога, якщо її гріх перевищує певну межу, вона отримає саме таку кару.

А як щодо віруючих? Коли ізраїльтяни поклонялися ідолам, віддалилися від Бога і вчиняли багато гріхів, Бог не залишив їх у такому положенні. Він сварив їх і навчав через пророка, а якщо вони все одно не слухали, Він карав їх, так щоб вони відвернулися від своїх шляхів.

Як написано у Посланні до євреїв 12:5-6: «Мій сину, не нехтуй Господньої кари, і не знемагай, коли Він докоряє тобі. Бо Господь, кого любить, того Він карає, і б'є кожного сина, якого приймає!» Бог втручається, коли Його улюблені діти помиляються у своїх вчинках. Він виносить догану і дисциплінує їх, щоб вони могли покаятися, повернулися в іншу сторону і насолоджувалися благословенним життям.

* Тому що гріх людей був великий

Божа кара прийшла на землю через те, що розбещення людини було великим на землі (Книга Буття 6:5). Тож як виглядає світ, коли розбещення людини є великим?

По-перше, буває так, коли люди, цілий народ, накопичують зло. Люди можуть поєднатися з представником їхньої країни, наприклад, з президентом або прем'єр-міністром, і разом чинити гріх. Головним прикладом можуть стати ганебна фашистська Німеччина і Голокост. Вся країна Німеччина підтримувала Гітлера у знищенні євреїв. Їхній спосіб вчинення того зла був надто жорстокий.

Відповідно до записаної історії, майже 6 мільйонів євреїв, які жили в Німеччині, Австрії, Польщі і Росії, були жорстоко вбиті через примушення до важкої праці, голод і вбивство. Деякі загинули голі у газових камерах, деякі були поховані живими у земляних шурфах, деякі загинули жахливою смертю, ставши живими піддослідними у дослідах над людьми. Тож якою була доля Гітлера і Німеччини, які чинили ці лихі справи? Гітлер вчинив самогубство, а Німеччина повністю була переможена, отримавши постійну історичну пляму на імені країни. Зрештою, країна була розділена на Східну і Західну Німеччину. Винуватці жахливих злочинів у війні мали змінити свої імена і рятуватися втечею, переїзджаючи з місця на місце. Якщо їх хапали, зазвичай вони отримували смертний вирок.

Люди у часи Ноя також отримали покарання. Оскільки люди у той час були настільки переповнені гріхом, Бог вирішив знищити їх (Книга Буття 6:11-17). До самого початку потопу Ной проголошував голосно про кару, яка має прийти, але вони не могли дослухати його навіть до кінця. Насправді, доки Ной і його родина не зайшли у ковчег, люди їли і пили, одружувалися і віддавалися втіхам. Навіть побачивши, що почав падати дощ, вони не зрозуміли що відбувається (Євангеліє від Матвія 24:38-39). В результаті під час потопу загинули всі люди, окрім Ноя і його родини (7 глава Книги Буття).

Також в Біблії є запис про час Авраама про те, як Бог послав кару вогнем і сіркою на Содом і Гоморру, тому що ці міста були сповнені гріха (19 глава Книги Буття 19). Окрім цих прикладів, ми можемо побачити в історії, коли Бог посилав різноманітні покарання голодом, землетрусами і моровицями та іншим на цілий народ, коли весь він був сповнений гріха.

Тепер поговоримо про особисте отримання покарання, не зважаючи на те, вірила людина в Бога, чи ні, якщо вона накопичувала гріхи, вона отримувала покарання в залежності від своїх вчинків. Життя людини може скоротитися в результаті вчиненого нею зла, або в залежності від міри гріха, її спіткає трагічний кінець в останні дні життя. Однак, якщо людина померла рано, це не означає, що вона отримала покарання. Ми знаємо історію життя Павла і Петра, яких вбили через те, що вони мали праведне життя. Їхні смерті також були праведними, тож на небесах вони сяють, наче сонце. У минулому також були праведні люди, які, проголосивши правду царю, примусово були змушені випити смертельну отруту, що призводило до смерті. Ці випадки говорять про те, що їхня смерть не була результатом покарання за гріх, але праведною смертю.

Навіть у наші дні, якщо розглядати якусь особу або народ, гріх людства дуже великий. У своїй більшості люди не вірять в Бога як у єдиного та істинного Бога. Вони сповнені своїх власних думок. Вони або женуться за хибними богами, ідолами, або люблять інші речі більше, ніж Бога. Секс до шлюбу став загальноприйнятим, а рух гомосексуалістів і лесбіянок за легалізацію їхніх шлюбів продовжує поширюватися. Це ще не все. Дуже поширені наркотики, бійки, ворожнеча, ненависть і корупція.

В Євангелії від Матвія 24:12-14 написано про кінець часів: «І через розріст беззаконства любов багатьох охолоне. А хто витерпить аж до кінця, той буде спасений! І проповідана буде ця Євангелія Царства по цілому світові, на свідоцтво народам усім. І тоді прийде кінець!» Таким є наш світ зараз.

Так само, як ви не можете сказати, чи є бруд на вашому тілі, якщо ви перебуваєте у темряві, оскільки у світі так багато гріха, люди живуть у беззаконні, однак вони не знають, що їхні вчинки беззаконні. Оскільки їхні серця настільки переповнені беззаконня, істинна любов не може вилитися на них. Недовір'я, підступність і різноманітний душевний біль дуже поширені, тому що любов людей охолола. Як може Бог, бездоганний і без жодної вади, продовжувати дивитися на це?

Якщо батьки люблять свою дитину, і дитина збилася з пуття, що робитимуть батьки? Батьки намагатимуться переконати дитину змінитися і докорятимуть їй. Але якщо дитина все рівно не слухає, батьки навіть спробують застосувати ремінь, щоб вгамувати дитину. Але якщо дитина робить таке, що неприпустимо у суспільстві, батьки можуть зректися своєї дитини. Те саме з Богом-Творцем. Якщо гріх людини такий великий, так що вона не відрізняється від тварини, Бог не може вчинити нічого іншого, як покарати таку людину.

* Тому що думка серця – це зло

Коли Бог карає, Він сумує не лише тому, що гріх у світі такий великий, але також тому, що думки людей лихі. Людина із затверділим серцем також сповена лихих думок. Вона жадібна і завжди шукає вигоди для себе, не зупиняється ні на чому, щоб заробити багатства і завжди має лихі думки.

Це можна сказати як про окрему людину, так і про цілий народ. Це також можна сказати про віруючих. Незважаючи на те, що людина говорить, що вірить в Бога, якщо вона накопичує Боже Слово просто як знання, не застосовуючи його на практиці, вона буде продовжувати шукати вигоди лише для себе, отже, вона завжди матиме лихі думки.

Для чого ми поклоняємося Богу і слухаємо Його Слово? Для того, щоб діяти відповідно до Його волі і ставати праведними людьми, якими Бог бажає, щоб ми були. Але є дуже багато людей, які покликують: «Господи, Господи!», однак не живуть відповідно до Його волі. Незалежно від того, скільки вони роботи зробили для Бога за їхніми словами, оскільки їхні серця лихі, вони отримають покарання і не потраплять на небеса (Євангеліє від Матвія 7:21). Невиконання Божих заповідей і законів вважається гріхом, а віра без справ – це мертва віра, тому такі люди не можуть отримати спасіння.

Якщо ми почули Боже Слово, ми повинні викоренити зло і діяти за Словом. Тоді, коли нашій душі ведеться добре, нам буде в усьому вестися добре, і ми отримаємо благословення здоров'ям. Отже, хвороби, випробування і нещастя не прийдуть до нас. І навіть якщо це буде, все закінчиться добре і всі ці негаразди стануть сприятливими можливостями для благословень.

Коли Ісус прийшов у цей світ, такі люди, як добрі пастухи, пророчиця Анна, Семен та інші, упізнали немовля-Ісуса. Однак фарисеї і саддукеї, які заявляли, що суворо дотримуються Закону і навчають закону, не впізнали Ісуса. Якби вони занурювалися у Боже Слово, тоді праведність була б у їхньому серці, вони упізнали б Ісуса і прийняли

Його. Але, не змінившись від щирого серця, вони були показними і зосереджувалися лише на зовнішній показній святості. Тому їхні серця були затверділими, вони не могли зрозуміти Божу волю і не могли впізнати Ісуса. Тож залежно від того, скільки добра і скільки зла ви маєте у своєму серці, результат надто відрізняється.

Боже Слово неможливо пояснити простою зрозумілою мовою, засновуючись лише на людських знаннях. Деякі люди говорять, що для того, щоб дізнатися точне значення Біблії, людина повинна вивчити давньоєврейську і грецьку мови, а також тлумачити з тексту оригіналу. Тоді чому фарисеї і саддукеї, а також первосвященики ясно не розуміли Біблію, яка була написана їхньою рідною давньоєврейською мовою, і чому вони не впізнали Ісуса? Тому що Боже Слово написано за надиханням Святого Духа і його можна ясно зрозуміти, якщо людина надихається Святим Духом через молитву. Біблію не можна просто тлумачити як літературний твір.

Отже, якщо ми маємо неправду у своєму серці, пожадливість тілесну, пожадливість очам або пиху життєву, тоді ми не можемо ані виявити Божу волю, ані чинити відповідно до неї. Люди у наші дні і наш вік такі лихі, що відмовляються вірити в Бога, і це ще не все: навіть якщо вони говорять, що вірять в Бога, вони чинять незаконно і нечестиво. Загалом, вони не чинять відповідно до Божої волі. Так ми розуміємо, що наблизився суд Божий.

* Тому що всі наміри серця – це завжди зло

Бог повинен судити нас, тому що всі наміри серця людини завжди лихі. Якщо ми маємо лихі думки, плани, які походять із цих думок, лихі, і ці думки зрештою спонукають на лихі вчинки. Лише подумайте, скільки лихих планів відбувається у сучасному суспільстві.

Ми бачимо людей на керівних державних посадах, які вимагають хабарів у великих розмірах, або таких, що створюють фонди для хабарів і поринають у запеклі сварки і бійки. Безсовісні методи отримання доступу до державних посад, військові скандали а також інші скандали дуже поширені. Є діти, які заздалегідь обмірковують убивство своїх батьків, щоб забрати майно і багатство, є юнаки, які планують зловмисні схеми заробітку, щоб витратити ці гроші на розпусту.

Навіть маленькі діти сьогодні замислюють лихе. Щоб отримати гроші для гри у залі гральних автоматів, або купити бажане, вони брешуть своїм батькам і навіть крадуть. І оскільки всі зайняті тим, щоб задовольнити себе, всі наміри серця і всі вчинки – це завжди зло. Коли в цивілізації відбувається швидкий матеріальний прогрес, суспільство швидко поринає у занепадницьку культуру, яка шукає задоволень. Саме так відбувається у наш час. Так само, як у часи Ноя, коли гріх досяг своєї повної міри у цьому світі.

Уникнути Божого суду

Люди, які люблять Бога, а також пильнують духовно, говорять, що повернення Господа дуже близько. Це записано в Біблії, ознаки кінця часів, про які говорив Господь, починають ясно виявлятися. Навіть невіруючі часто говорять, що ми живемо в останні часи. У Книзі Екклезіаста 12:14 написано: «Бо Бог приведе кожну справу на суд, і все потаємне, чи добре воно, чи лихе!» Тому ми повинні знати, що кінець близько, і ми повинні баротися з гріхом до крові, викорінювати всі форми зла і ставати праведними.

Люди, які приймають Ісуса Христа, чиї імена записані у Книзі Життя на небесах, отримають вічне життя і матимуть вічні благословення. Вони отримають нагороди відповідно до своїх справ, тож будуть такі, які отримають місце яскраве, наче сонце, а також ті, які отримають положення яскраве, як місяць або зорі. З іншого боку, після суду великого білого престолу ті, чиї думки серця були лихими, чиї наміри були злими, хто відмовлявся прийняти Ісуса Христа, хто не вірив в Бога, вічно страждатимуть в пеклі.

Отже, якщо ми хочемо уникнути Божого суду, як записано у Посланні до римлян 12:2, ми не повинні підкорятися цьому світу, повного розбещеності і гріха. Ми повині відновити свої серця і змінитися, щоб зрозуміти, якою доброю, приємною і бездоганною є Божа воля і діяти відповідно до неї. Як сказав Павло: «Я щодень умираю», ми повинні підкоритися Христу і жити відповідно до Божого Слова. Таким чином, наша душа має процвітати, щоб ми завжди мали добрі думки, а наші вчинки походили з праведності. Тоді ми будемо процвітати в усьому у своєму житті, будемо мати міцне здоров'я і зрештою матимемо вічні благословення на небесах.

Розділ 13

Не йдіть проти Його волі

«І взяли Корей, син Їцгара, сина Кегата, сина Левієвого, і Датан, і Авірон, сини Еліявові, та Он, син Пелета, сини Рувимові, та й повстали проти Мойсея, а з ними двісті й п'ятдесят мужа Ізраїлевих синів, начальники громади, закликувані на збори, люди вельможні. І зібралися вони на Мойсея та на Аарона, та й сказали до них: Досить вам, бо вся громада усі вони святі, а серед них ГОСПОДЬ! І чому ви несетеся понад зборами ГОСПОДНІМИ?»
(Книга Числа 16:1-3)

«І сталося, як скінчив він говорити всі ці слова, то розступилася та земля, що під ними! А земля відкрила свої уста, та й поглинула їх, і доми їхні, і кожну людину, що Кореєва, та ввесь їх маєток. І зійшли вони та все, що їхнє, живі до шеолу, і накрила їх земля, і вони погинули з-посеред збору!»
(Книга Числа 16:31-33)

Якщо ми коримося Слову, дотримуємось Його законів і ходимо у правді, ми отримуємо благословення при вході своїм і в виході своїм. Ми отримуємо благословення в усіх сферах свого життя. І навпаки, якщо ми не коримося, а йдемо проти Божої волі, тоді ми підлягаємо суду. Отже, ми повинні стати справжньою дитиною Бога, яка любить Його, слухається Його від усього серця і діє відповідно до Його законів.

Суд настає, коли ми діємо проти Божої волі

Жив собі чоловік, який мав праведне обурення. Він разом зі своїми товаришами зібрав свої бажання до купи і задумав велику революцію, щоб допомогти своїй країні. День революції наближався, і воля товаришів ставала міцнішою. Але зрада одного з товаришів змусила цілий план щодо спасіння країни повністю провалитися. Дуже сумно, коли помилка однієї особи стає причиною того, що добрі наміри багатьох людей не можуть здійснитися.

Бідний чоловік і жінка одружилися. Багато років двоє зв'язали свої ремені порятунку. Вони зрештою купили наділ землі і почали жити затишним життям. Та раптом чоловік захопився азартними іграми і став вживати алкоголь, в результаті він програв майно, яке вони заробили своєю працею. Ви можете собі уявити душевний біль його жінки?

У стосунках між людьми ми бачимо, які виникають трагедії, коли люди чинять проти волі іншої особи. Тож що буде, якщо людина вирішить піти проти волі Бога-Творця всього всесвіту? У Книзі Числа 16:1-3 описаний випадок, коли Корей, Датан і Он разом із 250 відомими начальниками громад повстали проти Божої волі. Їхнім лідером був Мойсей, якого обрав для них Бог. Разом з Мойсеєм сини Ізраїлеві повинні були разом долати важке існування у пустелі і увійти в ханаанський Край. Але сталася ця болюча подія.

В результаті Корей, Датан і Он разом зі своїми родинами були заживо поховані під землею, коли земля розкололася під ними і поглинула їх. 250 начальників громад також були знищені вогнєм ГОСПОДНІМ. Чому це сталося? Повстати проти вождя, обраного Богом, -- це те саме, що повстати проти Бога.

Навіть у нашому повсякденному житті часто відбуваються випадки протистояння Богові. Хоча Святий Дух спонукає наші серця, ми просто чинимо спротив, якщо Його воля не відповідає нашим власним думкам і бажанням. Чим більше ми діємо відповідно до своїх власних думок, а не Його думок, тим більший опір ми чинимо Божій волі. З часом ми не зможемо почути голос Святого Духу. Оскільки ми діємо відповідно до власної волі, нас спіткають труднощі і важкі випробування.

Люди, які пішли проти Божої волі

У 12 главі Книга Числа розповідається про те, як брат Мойсея, Аарон, і його сестра Маріям нарікали Мойсею за жінку кушитянку. Вони обвинуватили його: «Чи тільки з Мойсеєм ГОСПОДЬ говорив? Чи ж не говорив Він також із нами?» (вірш 2). У ту ж мить гнів Божий зійшов на Аарона і Маріям, і Маріям вкрилася проказою.

Потім Бог сварив їх: «Якщо буде між вами пророк, то Я,

ГОСПОДЬ, дамся пізнати в видінні йому, у сні говорити з ним буду. Не так раб мій Мойсей: у всім домі Моїм він довірений! Говорю Я з ним уста до уст, а не видінням і не загадками, і Образ ГОСПОДА він оглядає. І чому не боялися ви нарікать на Мойсея, Мойого раба?» (вірші 6-8).

Тепер давайте на кількох прикладах із Біблії розглянемо, що означає йти проти Божої волі.

1) Ізраїльтяни поклонялись ідолам

Під час Виходу сини Ізраїля на власні очі бачили десять кар, які обрушилися на Єгипет, як розділилося Червоне море перед ними. Вони відчули так багато різних ознак і див, що повинні були розуміти, що Бог живий. Але що вони зробили, коли Мойсей постив 40 днів і пішов на гору, щоб отримати Десять Заповідей від Бога? Вони створили золоте теля і поклонялися йому. Бог відділив народ Ізраїля як обраний народ, Він навчав їх не поклонятися ідолам. Але вони діяли проти Божої волі, і в результаті близько трьох тисяч з них загинуло (глава 32, Книга Вихід).

У 1 Книзі Хроніки 5:25-26 написано: «Та спроневірилися вони Богові своїх батьків, і блудили за богами народів Краю, яких Бог вигубив перед ними. І Бог Ізраїлів збудив духа Пула, царя асирійського, і духа Тілленат-Піл'несера, царя асирійського, і він виселив їх, Рувимівців і Гадівців та половину Манасіїного племени, і запровадив їх у Халах, і Хавор, і Хару, та до річки Гозан, і вони там аж до цього дня». Оскільки ізраїльтяни спроневірялися, поклоняючись богам ханаанського Краю, Бог збудив духа царя асирійського напасти на Ізраїль і багатьох забрати у полон. Дії Ізраїльтян проти Бога спричинили таке нещастя.

Північне царство Ізраїль було зруйноване асирійцями, а південне царство Юдея було зруйноване Вавилоном через ідолопоклонство.

В умовах сьогодення це ніби поклонятися ідолу, зробленому із золота, срібла, бронзи або іншого матеріалу. Те саме стосується людей, які ставлять на стіл варену голову свині і поклоняються духам своїх померлих предків. Дуже ганебна картина, коли люди, вершина творіння, поклоняються мертвій свині і просять її про благословення!

У Книзі Вихід 20:4-5 Бог дає заповідь: «Не роби собі різьби і всякої подоби з того, що на небі вгорі, і що на землі долі, і що в воді під землею. Не вклоняйся їм і не служи їм».

Він також чітко сказав, які прокляття зійдуть на них, якщо вони зневажатимуть заповіді і не будуть їх дотримуватися. Він також повідомив про благословення, які вони отримають, якщо закарбують заповіді у своєму серці і будуть виконувати їх. Він промовив: «Я ГОСПОДЬ, Бог твій, Бог заздрісний, що карає за провину батьків на синах, на третіх і на четвертих поколіннях тих, хто ненавидить Мене, і що чинить милість тисячам поколінь тих, хто любить Мене, і хто держиться Моїх заповідей».

Тому, якщо ми озирнемося, то побачимо, що сім'ї, які мали довгий досвід поклоніння ідолам, відчувають багато різноманітних страждань. Одного дня у жінки, члена церкви, яка у минулому поклонялася ідолам, трапилося нещастя. Її рот, який досі був нормальним, перекрутився і спотворився так, що вона не могла нормально говорити. Коли я запитав її, що сталося, вона розповіла, що вона ходила у гості до своїх родичів на свята і оскільки вона не змогла протистояти їхньому тиску: вклонитися традиційній жертві предкам, вона здалася і поклонилася. Наступного дня її рот перекосило на одну сторону. На щастя, вона повністю покаялася перед Богом і отримала молитву. Її рот зцілився і знову став нормальним. Бог вів жінку шляхом спасіння, давши їй урок, щоб вона до кінця зрозуміла, що ідолопоклонство – це шлях, який веде до загибелі.

2) Фараон відмовився відпустити народ Ізраїльський

У 7-12 главі Книги Вихід розповідається про те, як сини Ізраїля, які були рабами в Єгипті, намагалися залишити Єгипет під проводом Мойсея. Але фараон не відпускав їх. Тому до фараона і у весь Єгипет прийшло велике лихо. Бог-Творець – автор життя і смерті людства, тому ніхто не може йти проти Його волі. Божа воля була у тому, щоб народ Ізраїлю вийшов з Єгипту. Але фараон, серце якого затверділо, перешкоджав Божій волі.

Тому Бог наслав десять кар на Єгипет. Тоді весь народ розірвався на частини. Зрештою фараон неохоче дозволив синам Ізраїля піти, але обурення залишилося в його серці. Тому він послав своє військо навздогін народу Ізраїля, аж до Червоного моря, яке розділилося. Зрештою, все військо Єгипетське, яке переслідувало народ, потонуло у Червоному морі. Фараон йшов проти Божої волі до самого кінця, тому він був покараний. Якщо Бог багато разів показував йому, що Він – живий Бог, фараон повинен був зрозуміти, що Бог – Один Єдиний істинний Бог. Він мав би скоритися Божій волі. Навіть за людськими нормами, відпустити народ

Ізраїлю було правильним.

Коли один народ тримає у рабстві інший народ – це неправильно. Крім того, Єгипет зміг уникнути великого голоду завдяки Йосипу, сину Якова. Не дивлячись на те, що минуло 400 років, то була історична правда, що Єгипет був винним Ізраїлю за спасіння свого народу. Але замість того, щоб відплатити Ізраїлю за милість, яку вони отримали, Єгипет силою поневолив Ізраїль, зробивши людей рабами. То було надто лихим вчинком! Фараон, який мав необмежену владу, був гордовитою і жадібною людиною. Тому він бився з Богом до кінця і отримав покарання від Нього.

У наш час зустрічаються такі люди. Біблія попереджає, що їх очікує покарання. Знищення чекає на тих, хто відмовляється вірити в Бога через власні знання, гордість та тих, хто нерозсудливо запитує: «Де Бог?»

Навіть якщо люди говорять, що вірять в Бога, якщо вони зневажають Божі заповіді через власні забаганки і упертість, якщо вони мають ворожість або лють до інших, або якщо це лідер у церкві, який стверджує, що важко працює для Божого Царства, однак через заздрість і пожадливість засмучує і дратує людей, які його оточують, він не відрізняється від фараона.

Знаючи, що Божа воля для нас полягає у тому, щоб ми жили у Світлі, якщо ми будемо продовжувати жити у темряві, тоді ми відчуємо такі ж страждання, які відчувають невіруючі. Тому що Бог постійно попереджає людей, але вони не слухають і опираються Божій волі, тримаючи курс на земне.

І навпаки, якщо наше життя праведне, серце людини

стає чистим, і оскільки серце починає намагатися бути схожим на серце Бога, ворог-диявол відступає. Незалежно від того, наскільки важкою була хвороба, неважливо, які випробування і нещастя спіткають людину, якщо вона продовжує діяти у праведності перед Богом, вона стане сильною і здоровою, і всі випробування і нещастя зникнуть. Якщо у хаті брудно, в ній з'являться миші, таргани, та інші шкідливі комахи. Але якщо хата прибрана і продезінфікована, там більше не зможуть жити таргани, вони зникнуть. Так і тут.

Коли Бог прокляв змія, який спокусив людину, Він сказав, що той буде «плазувати на своїм череві і їстиме порох всі дні свого життя» (Книга Буття 3:14). Це не означає, що змій їстиме порох земний. У духовному розумінні Бог говорить ворогу-дияволу, який підбурив змія, їсти тіло людини, яка створена з пороху земного. У духовному розумінні «тіло» -- це те, що змінюється і вмирає. Воно означає неправду, яка є шляхом до смерті.

Отже, ворог-диявол приносить спокуси, нещастя і страждання людям плоті, які грішать посеред неправди, і зрештою приводить їх до шляху смерті. Однак, ворог не може наближатися до святих людей, які не мають гріхів, які живуть за Божим Словом. Тому, якщо ми живемо у праведності, тоді хвороби, випробування і нещастя, безумовно, тікають від нас.

У 2 главі Книги Ісуса Навина ми читаємо про жінку, яка, на відміну від фараона, була язичницею, але допомагала виконувати Божу волю і в результаті отримала благословення. Тією людиною була жінка на ім'я Рахав, яка жила у місті Єрихон у часи Виходу. Після виходу з Єгипту і блукань у пустелі протягом 40 років Ізраїльтяни тільки-но перейшли ріку Йордан. Вони розташувалися табором і були готові атакувати Єрихон у будь-який момент.

Рахав не була ізраїльтянкою, але вона чула про народ з історії про виноградну лозу. Сталося так, що ГОСПОДЬ Бог, Який управляє всім всесвітом, був з народом Ізраїля. Вона також знала, що цей Бог був не таким богом, який вбиває через необережність або безжалісно, нізащо. Оскільки Рахав знала, що ГОСПОДЬ Бог був Богом справедливості, вона врятувала шпигунів Ізраїлю, заховавши їх. Оскільки Рахав знала Божу волю і допомагала здійснити Його волю, вона і вся її родина врятувалися, коли Єрихон було зруйновано. Ми також повинні виконувати Божу волю, щоб мати духовне життя, коли ми можемо отримати рішення багатьох проблем і відповіді на свої молитви.

3) Священик Ілій і його сини не виконували наказ Бога

У 2 главі 1 Книги Самуїлової ми читаємо про те, що сини священика Ілія були негідні, вони торкалися їжі, яка була приготована для жертви Богові, і навіть лежали з жінками, які служили при вході до скинії заповіту. Однак, їхній батько, священик Ілій, просто докорив їм словесно, але нічого не вчинив, щоб зупинити їхню погану поведінку. Зрештою, його сини були вбиті на війні з филистимлянами, а священик Ілій зламав шию і помер, коли впав зі стільця, почувши ту новину. Ілій помер так через свій гріх, який полягав у тому, що він не навчив належним чином своїх синів.

Те саме стосується нас сьогодні. Якщо ми бачимо людей навколо себе, які чинять перелюб у тілі, або відхиляються від Божих наказів, і ми просто приймаємо їх, не навчаючи їх належно, що є правильно, а що неправильно, тоді ми не відрізняємося від священика Ілія. Ми повинні подивитися на себе і побачити, чи не схожі ми чимось на Ілія і його синів.

Те саме можна сказати про використання десятини для власних цілей і подячні пожертви, які були відкладені для Бога. Коли ми не віддаємо повну десятину і пожертви, ми ніби крадемо у Бога, тому прокляття зійдуть на нашу родину або країну (Книга Пророка Малахії 3:8-9). Також, все, що було присвячене для жертви Богові, не повинно бути замінене нічим іншим. Якщо ви вже вирішили у своєму серці зробити пожертвування Богові, ви повинні зробити це. І якщо ви бажаєте замінити це чимось кращим, ви повинні віддати як перше, так і друге приношення.

Також неправильно, якщо лідер групи або скарбник групи у церкві буде використовувати зібрані збори членів групи на свій розсуд. Використовувати церковні кошти на цілі, які відрізняються від задуманих раніше, або використовувати гроші, відкладені на особливу подію, для іншої цілі, також підпадає під категорію «красти у Бога». Крім того, запускати руку у Божу скарбницю означає красти, як це робив Юда Іскаріотський. Якщо хтось краде Божі гроші, він чинить гріх, більший, ніж гріх синів Ілія, і він не отримає прощення. Якщо хтось вчинив такий гріх через те, що не придумав нічого кращого, він повинен зізнатися і покаятися повністю, а також він повинен більше ніколи не чинити такий гріх. Люди отримують прокляття через такі гріхи. Трагічні випадки, аварії і хвороби приходять в їхнє життя, вони також не отримують віру.

4) Малі хлопці, які насміхалися над Єлисеєм, та інші подібні випадки

Єлисей був могутнім слугою Бога, який спілкувався з Ним і якого захищав Бог. Але у 2 главі 2 Книги Царів ми читаємо про те, як група малих хлопців ходила за Єлисеєм і насміхалася над ним. Вони були такими лихими, що переслідували його із самої середини міста аж за місто, і кричали: «Ходи лисий! Ходи лисий!» Зрештою Єлисей не міг більше того терпіти і прокляв їх Іменем ГОСПОДНІМ, тоді вийшли дві ведмедиці з лісу і розірвали 42 дітей. Оскільки записано, що 42 загинуло, ми можемо зробити висновок, що загальна кількість дітей, які насміхалися над Єлисеєм, насправді була набагато більшою.

Прокляття і благословення, які походять від слуги, якого захищає Бог, відбудуться точно як було промовлено. Особливо якщо ви насміхаєтеся, зводите наклеп або поширюєте чутки про Божу людину, це ніби насміхатися і зводити наклеп на Бога. Тому це рівносильно опору Божій волі.

Що стало з євреями, які розіп'яли Ісуса на хресті і кричали, що кров Його на них і на їхніх дітях? У 70 році нашої ери Єрусалим був повністю зруйнований римським полководцем Титом і його армією. Число євреїв, вбитих у той час, налічувало 1,1 мільйона. Після того євреї були розсіяні по всьому світу і отримали різноманітні приниження і піддавались гонінням. Потім ще раз шість мільйонів було вбито від рук фашистів. Як ви бачите, в результаті повстання і протистояння Божій волі настають жахливі наслідки.

Слуга Єлисея, Ґехазі, опинився у схожій ситуації. Бувши

учнем Іллі, який отримав відповідь через вогонь, Єлисей два рази отримав надихання, яке мав його учитель. Тож мати можливість служити такому пану, як Єлисей, було великим благословенням. Ґехазі особисто бачив багато ознак, які вчиняв Єлисей. Якщо він корився наказам Єлисея і отримував його учення, напевно він також отримав велику силу і благословення. Нажаль, Ґехазі не міг того робити.

Був час, коли силою Бога Єлисей зцілив арамейського полководця Наамана, який страждав від прокази. Нааман був настільки зворушений, що хотів подарувати Єлисею великий подарунок. Однак Єлисей категорично відмовився. Він зробив так, тому що не прийняти дар було більшою похвалою для Бога.

Але, не розуміючи волю свого пана, осліплений матеріальним, Ґехазі наздогнав полководця Наамана, збрехав йому і отримав подарунки від нього. Він приніс подарунки із собою і заховав їх. Єлисей вже знав, що відбулося, тому він дав Ґехазі шанс покаятися, але той спростував обвинувачення і не покаявся. В результаті проказа Наамана перейшла на Ґехазі. То був не просто вчинок проти волі Єлисея, але вчинок проти Божої волі.

5) Обман Святого Духа

У 5 главі Книги Дії розповідається про те, коли Ананій і Сапфіра збрехали Петру. Бувши членами ранньої церкви, вони вирішили продати свою власність і віддати гроші Богові. Але коли насправді вони отримали гроші у руки, ними оволоділа пожадливість. Тому вони віддали лише частину грошей і збрехали, сказавши, що то були всі гроші.

В результаті цього вчинку обоє вони померли. Так сталося тому, що вони збрехали не лише людям, але Богові і Святому Духу. Вони спокусили Духа Господнього.

Ми поділилися з вами лише кількома прикладами, але окрім цього існує багато випадків, коли люди йдуть проти Божої волі. Божий Закон існує не для того, щоб карати нас, але для того, щоб допомогти нам зрозуміти свої гріхи, щоб ми вчилися залежати від сили Ісуса Христа, щоб могли подолати їх і зрештою могли отримати Божі рясні благословення. Тож давайте озирнемося на всі свої вчинки, щоб зрозуміти, чи не йшли вони проти Божої волі, а якщо так, то ми повинні повністю відвернутися від них і діяти лише відповідно до Божої волі.

Словник

Піч і солома

«Піч» — це закрита камера, де виробляється тепло для обігріву будинків, знищення решток, плавлення або очищення руди та іншого. В Біблії слово «піч» використовується для того, щоб розповісти про Божі нещастя, суд, пекло та інше. Троє товаришів Даниїла, Шадрах, Мешах та Авед-Неґо, відмовилися поклонитися золотому боввану, якого зробив Навуходоносор, тому їх вкинули у вогняну піч. Однак, з Божою допомогою, вони вийшли з неї живими і неушкодженими (Глава 3 Книги Пророка Даниїла).

«Солома» — це стебла помолоченої пшениці, які використовують для підстилання і корму тваринам, для стріхи, для плетіння кошиків. В Біблії «солома» символічно означає щось дуже незначне і нічого не варте.

Що таке гордовитість?

Бути гордовитим означає не вважати інших кращими за самого себе. Це зневага до людей, коли людина вважає «Я кращий за них». Однією з найбільш типових ситуації є така, коли гордість проявляється в особі, коли вона вважає, що її любить і поважає голова організації або групи, до якої належить ця особа. Інколи Бог використовує прийом компліментів, щоб людина змогла виявити, чи гордовита вона.

Одна з найпростіших форм гордості - це осудження і звинувачення інших. Ми повинні бути особливо обережними, щоб не накопичувати духовну гордість, що змушує нас судити інших за допомогою Божого Слова, яке суворо має бути використане як основа для того, щоб роздумувати над своєю поведінкою і життям. Духовна гордість - це дуже небезпечна форма зла, тому що її не легко виявити. Тому ми повинні особливо піклуватися про те, щоб не бути духовно гордими людьми.

Розділ 14

«Так промовляє ГОСПОДЬ Саваот...»

«Бо ось наступає той день, що палає, як піч, і стануть всі пишні та кожен, хто чинить безбожне, соломою, і спалить їх день той, який наступає, говорить ГОСПОДЬ Саваот, Який не позоставить їм кореня, ані галузки. А для вас, хто Ймення Мойого боїться, зійде Сонце Правди та лікування в промінях Його, і ви вийдете та поскакаєте, мов ті ситі телята! І безбожних топтати ви будете, бо стануть за попіл вони під п'ятами ніг ваших у той день, що його Я вчиню, промовляє ГОСПОДЬ Саваот».
(Книга Пророка Малахії 4:1-3)

Бог приводить кожну справу на суд, і все потаємне, чи добре воно, чи лихе (Книга Екклезіяста 12:14). Ми можемо побачити це напевно, якщо поглянемо на історію людства. Горда людина шукає власної вигоди. Вона дивиться звисока на інших і накопичує зло, щоб володіти величезними багатствами. Однак, наприкінці таку людину очікує загибель.

І навпаки, скромна людина, яка шанує Бога, може здатися нерозсудливою, або на початку її можуть спіткати труднощі, але наприкінці вона отримає величезні благословення і повагу людей.

Бог не визнає гордих

Порівняйте двох жінок Біблії: Вашті і Естер. Цариця Вашті була дружиною Ахашвероша, царя Персидської імперії.

Одного дня цар Ахашверош зробив святковий обід і попросив царицю Вашті прийти до нього під час застілля. Однак Вашті через гордість за своє положення цариці і красу відмовила царю. Цар дуже розгнівався і змістив її з царського престолу. Чим відрізнялася історія Естер, яка стала царицею після Вашті?

Естер, яка стала царицею, була єврейською полонянкою, яку взяли у вавилонський полон за часів царя Навуходоносора. Естер була не лише гарною, але також мудрою і покірною. Одного разу її народ спіткали великі труднощі через амаликитянина на ім'я Гаман. Тоді Естер три дні провела у пості і молитві. А потім вирішила: якщо вона має загинути, то загине, і, очистившись, зодяглась у царські шати і покірно прийшла до царя. Оскільки вона була покірною перед царем та всіма людьми, вона не лише отримала любов і довіру царя, але також змогла здійснити важливе завдання – врятувати власний народ.

Оскільки у Посланні Якова 4:6 написано: «Бог противиться гордим, а смиренним дає благодать», ми ніколи не повинні бути гордими людьми, яких відкидає Бог. У

Книзі Пророка Малахії 4:1 написано: «Стануть всі пишні та кожен, хто чинить безбожне, соломою», в залежності від того, використовує людина свою мудрість, знання і силу для добра або зла, результат буде суттєво відрізнятися. Гарним прикладом є Давид і Саул.

Коли Давид став царем, його перші думки були про Бога, волю Якого він виконував. Бог благословив Давида, тому що він смиренно молився Йому, шукаючи мудрості, щоб дізнатися, як зміцнити державу і принести мир своєму народу.

Однак, Саула поборола жадібність і він хвилювався про те, що втратить своє місце царя, тож він витратив багато часу на те, щоб вбити Давида, якого любив Бог і народ. Оскільки він був гордий, він не зважав на зауваження пророка. Зрештою, Бог відмовився від нього, і він помер жалюгідною смертю під час битви.

Тому, чітко розуміючи, як ГОСПОДЬ Бог судить гордих, ми повинні повністю позбутися гордості. Якщо ми викоренимо гордість і станемо покірними, Бог радіє за нас і підтримує нас, даючи відповіді на наші молитви. У Книзі приповістей 16:5 написано: «Огида для ГОСПОДА всякий бундючний, ручуся: не буде такий без вини!». Бог ненавидить горде серце так сильно, що кожен, хто об'єднується з гордою людиною, буде покараний разом з нею. Лихі люди схильні триматися лихих людей, а добрі люди схильні триматися добрих людей. Таке об'єднання також походить від гордості.

Гордість царя Єзекії

Давайте докладніше розглянемо, як сильно Бог ненавидить гордість. Серед царів Ізраїлю було багато таких, які на початку свого царювання любили Бога і корилися Його волі, а потім з часом ставали гордими, йшли проти Божої волі і не слухалися Його. Один з таких царів – цар Єзекія, 13-ий цар південного царства Юдеї.

Царя Єзекію, який посів на престол після свого батька Ахаза, любив Бог, тому що він був чесний, як Давид. Він позбувся чужоземних жертівників і висот, зруйнував стовпи для богів того народу. Він повністю очистив країну від усіх ідолів, яких ненавидить Бог, стовпи Астарти він порубав сокирою (2 Книга Хронік 29:3-30:27).

Але коли народ почав відчувати політичні труднощі через помилки попереднього царя, який був розбещений і нечестивий, замість того, щоб покластися на Бога і довіряти Йому, цар Єзекія уклав союз із сусідніми країнами: Єгиптом, філістимлянами, Сидоном, Моавом і Аммоном. Ісая докорив царю Єзекії щодо кількох випадків, що він чинить нерозсудливо, і що це йде проти волі ГОСПОДА.

Гордий цар Єзекія не послухав застережень Ісаї. Зрештою Бог залишив Юдею, і Санхерів, цар ассирійський, напав на Юдею і захопив її. Тож цар Санхерів завоював Юдею і взяв у полон 200 000 осіб. Коли цар Санхерів вимагав, щоб цар Єзекія виплатив величезне відшкодування збитків, Єзекія задовольнив ці вимоги, зруйнувавши Храм із його оздобленням і спорожнивши народну скарбницю. Речі, які знаходилися в Храмі, не повинна була торкатися жодна людина. Але оскільки Єзекія віддав священні предмети на власний розсуд, і заради власного спасіння, Бог міг лише відвернути Своє лице від нього.

Коли Санхерів продовжив погрожувати Єзекії навіть після того, як отримав величезну компенсацію, Єзекія кінець кінцем зрозумів, що він нічого не може зробити власними силами, тож він звернувся до Бога і молився, каючись і покликуючи до Нього. В результаті Бог змилувався над ним і розбив асирійців. Ми можемо відчувати подібне у своїх родинах, на роботі, у бізнесі і у наших стосунках із сусідами, а також братами і сестрами. Горда людина не може отримати любов і допомогу у часи нещастя.

Гордість віруючих

Злі духи не можуть увійти у людину, яка вірить в Бога, тому що Бог оберігає її. Однак, є випадки, коли злі духи входять у людей, які стверджують, що вірять в Бога. Як це може статися? Бог противиться гордим. Тому, якщо людина стає гордою до такої міри, що Бог відвертає від неї Своє лице, злі духи можуть увійти в неї. Якщо людина стає духовно гордою, сатана може змусити злих духів оволодіти нею і управляти нею, а також змушувати вчиняти лихі справи.

Навіть якщо цього не сталося, якщо віруюча людина стає духовно гордою, вона може скривдити істину і в результаті зазнати горя. Оскільки людина не кориться Божому Слову, Бог не буде з нею, і у житті нічого не йде на лад. Як написано у Книзі Приповістей 16:18: «Перед загибіллю гордість буває, а перед упадком бундючність», гордість зовсім не корисна. Насправді, це приносить лише біль і страждання.

Ми повинні розуміти, що духовна гордість – це абсолютний паразит, якого треба повністю знищити.

Як же віруючі можуть зрозуміти, чи горді вони? Горда людина вважає себе правою, тому вона не добре сприймає критику інших людей. Не діяти відповідно Божого Слова – це також форма гордості, тому що це показує, що людина не поважає Бога. Коли Давид порушив Божі заповіді і зогрішив, Бог жорстко докорив йому, промовивши: «Зневажив ти Мене» (2 Книга Самуїлова 12:10). Отже, якщо людина не молиться, не любить, не кається, не може побачити колоду у власному оці, але вказує на заскалку в оці іншої особи, -- вона горда.

Дивитися звисока на інших, осуджувати і звинувачувати їх, відштовхуючись від власних стандартів, хвастатися, напускати тумани – все це форми гордості. Хапатися за будь-яку можливість вплутатися у дебати і словесні чвари – це також форма гордості. Якщо ви горда людина, ви хочете, щоб вам служили і бажаєте відзначитися. І, намагаючись отримати вигоду для себе, ви починаєте накопичувати зло.

Ви повинні покаятися у такій гордості і стати покірною людиною, щоб насолоджуватися процвітаючим і радісним життям. Тому Ісус сказав: «Коли не навернетесь, і не станете, як ті діти, не ввійдете в Царство Небесне!» (Євангеліє від Матвія 18:3). Якщо людина стала гордою в серці і вважає себе завжди правою, а також постійно намагається захистити почуття власної гідності і покладається на власні думки, тоді вона не може прийняти Боже Слово таким, як воно є, і чинити відповідно до нього, тому вона навіть може не отримати спасіння.

Гордість фальшивих пророків

Якщо почитати Старий Заповіт, можна дізнатися про часи, коли царі питали пророків про майбутні події і діяли відповідно до їхніх порад. Цар Ахав був сьомим царем північного царства Ізраїль, тоді було поширене поклоніння Ваалу, на царство нападав Гарам. Це сталося в результаті того, що Ахав відмовився звернути увагу на попередження пророка Міхея, а замість того довіряв словам фальшивих пророків.

У 1 Книзі Царів 22 цар Ахав просить Йосафата, царя Юдеї об'єднатися з ним, щоб забрати гілеадський Рамот з рук Арама. У той час цар Йосафат, який любив Бога, порадив спочатку запитати пророка, щоб дізнатися Божу волю, перед тим, як прийняти рішення. Тоді цар Ахав скликав чотириста фальшивих пророків, які завжди лестили йому, і попросив їх дати йому пораду. Вони одноголосно проголосили перемогу Ізраїля.

Однак Міхей, істинний пророк, провістив, що відбудеться поразка. Зрештою, пророцтво Міхея проігнорували, двоє царів об'єдналися і пішли війною на Арама. Яким був результат? Війна завершилася, але в ній ніхто не отримав перемогу. І цар Ахав, якого загнали в кут, переодягнувся в солдата, щоб вислизнути з поля бою, але був убитий випадковою стрілою і помер від втрати крові. Таким був наслідок того, що Ахав послухався пророцтва фальшивих пророків і не послухався пророцтва Міхея, істинного пророка. Фальшивих пророків і фальшивих вчителів очікує

Божий суд. Вони будуть вкинені у пекло, в озеро сірчане, яке у сім разів гарячіше, ніж озеро вогняне (Книга Об'явлення 21:8).

Істинний пророк, з яким перебуває Бог, праведний перед Богом, а отже здатний зробити правильне пророцтво. Фальшиві пророки, які лише так називаються навмисно, будуть висловлювати свою власну думку, видаючи її за пророцтво, і вести свій народ до знищення, або вводячи його в оману. Незалежно від того, у сім'ї, у країні, або у церкві, якщо ми слухаємо слова доброї і правдивої людини, ми матимемо мир, тримаючись праведності. Але якщо ми прямуємо стежкою лихої людини, нас спіткатимуть страждання і загибель.

Суд над людьми, які поводяться гордовито і погано

У 1 Посланні Тимофію 6:3-5 написано: «А коли хто навчає інакше, і не приступає до здорових слів Господа нашого Ісуса Христа та до науки, що вона за правдивою вірою, той згордів, нічого не знає, але захворів на суперечки й змагання, що від них повстають заздрість, сварки, богозневаги, лукаві здогади, постійні сварні між людьми зіпсутого розуму й позбавлених правди, які думають, ніби благочестя то зиск. Цурайся таких!»

Боже Слово містить у собі всю праведність, тому жодне інше вчення не потрібне. Оскільки Бог бездоганний і добрий, лише Його вчення істинне. Однак, зарозумілі люди, які не знають істину, говорять про інші учення, приводячи свої аргументи і хвастаючись. Якщо ми піднімаємо «спірні питання», ми переконуємо, що лише ми праві. Якщо ми маємо «словесні дебати», це означає, що ми підвищуємо голос і аргументуємо за допомогою слів. Якщо ми маємо «заздрість», це означає, що ми хочемо завдати шкоди людині, якщо та отримує більшу любов, ніж ми. Ми затіваємо «суперечку», якщо приводимо аргументи, які призводять до розділення людей. Якщо ми стаємо зарозумілими, наші серця стають розбещеними і ми чинимо справи тіла, які ненавидить Бог.

Отже, якщо горда людина не покається і не відвернеться від своїх шляхів, Бог відверне Своє лице від неї і вона буде осуджена. Незалежно від того, як вона буде покликувати: «Господи! Господи!» і говоритиме, що вірить в Бога, якщо вона не покається і буде продовжувати чинити зло, у День суду вона буде вкинена у вогонь пекла разом з іншою соломою.

Благословення праведних, які бояться Бога

Людина, яка дійсно вірить в Бога, зламає свою гордість і позбудеться лихих вчинків, щоб стати праведною людиною, яка боїться Бога. Що означає, боятися ГОСПОДА Бога? У Книзі Приповістей 8:13 написано: «Страх ГОСПОДНІЙ лихе все ненавидіти: я ненавиджу пиху та гордість, і дорогу лиху та лукаві уста!» Якщо ми ненавидимо зло і позбуваємося всіх форм зла, ми стаємо людьми, які чинять від власної праведності в очах Бога.

На таких людей Бог поширює Свою рясну любов і дарує їм спасіння, відповідає на молитви, посилає благословення. Бог говорить: «А для вас, хто Ймення Мойого боїться, зійде

Сонце Правди та лікування в промінях Його, і ви вийдете та поскакаєте, мов ті ситі телята! І безбожних топтати ви будете, бо стануть за попіл вони під п'ятами ніг ваших у той день, що його Я вчиню» (Книга Пророка Малахії 4:2-3).

Тих, хто боїться Бога і виконує Його заповіді, оскільки це стосується кожної людини (Книга Екклезіяста 12:13), Бог благословляє багатством, славою і життям (Книга Приповістей 22:4). Тому вони отримують відповіді на молитви, зцілення і благословення, щоб мати можливість вистрибнути, як теля зі стійла, і мати справжню радість.

У Книзі Вихід 15:26 Бог говорить: «Коли дійсно будеш ти слухати голосу ГОСПОДА, Бога твого, і будеш робити слушне в очах Його, і будеш слухатися заповідей Його, і будеш виконувати всі постанови Його, то всю хворобу, що Я поклав був на Єгипет, не покладу на тебе, бо Я ГОСПОДЬ, Лікар твій!» Отже, незважаючи на те, які хвороби спіткають людину, людина, яка боїться Бога, отримає благословення, буде здоровою і зрештою потрапить до небес, де буде насолоджуватися вічною честю і славою.

Отже, ми повинні уважно наглядати за собою. І якщо ми знайдемо у себе якісь форми гордості і зла, ми повинні покаятися і відвернутися від тих лихих шляхів. Нарешті, давайте станемо праведними людьми, які бояться Бога з покорою і служінням.

Розділ 15

Про гріх, правду і суд

«Та Я правду кажу вам: Краще для вас, щоб пішов Я, бо як Я не піду, Утішитель не прийде до вас. А коли Я піду, то пошлю вам Його. А як прийде, Він світові виявить про гріх, і про правду, і про суд: тож про гріх, що не вірують у Мене; а про правду, що Я до Отця Свого йду, і Мене не побачите вже; а про суд, що засуджений князь цього світу».
(Євангеліє від Івана 16:7-11)

Якщо ми віримо в Ісуса Христа і відкриваємо своє серце, щоб прийняти Його, як свого Спасителя, Бог дає нам у дар Святого Духа. Святий Дух веде нас, щоб ми народилися знову, і допомагає нам зрозуміти Боже Слово. Він діє різними способами, Він веде нас до життя в істині і до повного спасіння. Тому завдяки Святому Духу ми повинні дізнатися про те, що таке гріх, і як відрізнити правду від неправди. Ми також повинні навчитися діяти у правді, щоб потрапити на небеса і уникнути суду пекла.

Про гріх

Ісус розповів Своїм учням про те, як Йому належить загинути на хресті, про нещастя, які мають спіткати учнів. Він також підбадьорював їх, говорячи, що після Його воскресіння і вознесіння на небеса прийде Святий Дух і про всі прекрасні речі, які вони отримають в результаті. Вознесіння Ісуса було необхідним кроком для того, щоб був посланий Святий Дух, Помічник.

Ісус сказав, що коли прийде Святий Дух, Він виявить світові про гріх, про правду і про суд. Отже, що означають слова про те, що Святий Дух «світові вивить про гріх»? Як написано в Євангелії від Івана 16:9: «Тож про гріх, що не вірують у Мене», не вірити в Ісуса – це гріх, і це означає, що люди, які не вірять у Нього, зрештою постануть перед судом. Тож чому не вірити в Ісуса Христа – це гріх?

Бог любові послав Свого єдиного однородженого Сина, Ісуса Христа, у цей світ, щоб відкрити шлях спасіння для людей, які стали рабами гріха через непокору Адама. Загинувши на хресті, Ісус викупив людство від усіх гріхів, відкрив двері спасіння і став одним єдиним Спасителем. Отже, не вірити у цей факт, знаючи його, -- це гріх. Людина, яка не приймає Ісуса Христа своїм Спасителем, не може отримати прощення гріхів, тому вона залишиться грішником.

Чому Він судить відносно гріха

Ми можемо бачити, що існує Бог-Творець, лише подивившись на все створіння. У Посланні до римлян 1:20 написано: «Бо Його невидиме від створення світу, власне Його вічна сила й Божество, думанням про твори стає видиме. Так що нема їм виправдання». Це означає, що жодна людина не може виправдатися, що вона не вірила, тому що не знала Бога.

Навіть невеликий наручний годинник не міг просто так раптом випадково скластися без проектування і роботи людини. Тоді як найскладніший і найзаплутаніший всесвіт міг випадково сформуватися самостійно? Лише спостерігаючи за всесвітом, людина може виявити божественну і вічну силу Бога.

У цей день і у цей вік Бог показує Себе, являючи ознаки і дива через тих людей, яких Він любить. Багатьох людей сьогодні, напевно, хоча б один раз хтось євангелізував, щоб вони повірили в Бога, тому що Він справжній. Деякі люди, можливо особисто були свідками дива, або чули про нього від свідка з перших рук. Якщо навіть побачивши і почувши про ці ознаки і дива, людина не вірить, тому що її серце затверділо, тоді вона зрештою піде шляхом смерті. Саме це мається на увазі, коли в Біблії говориться про те, що Святий Дух «світові виявить про гріх».

Люди не приймають Євангеліє зазвичай тому, що вони живуть грішним життям, переслідуючи власну вигоду. Вважаючи, що цей світ – це все, вони не можуть повірити у небеса і вічне життя. У 3 главі Євангелія від Матвія Іван Христитель вигукує до людей, щоб вони покаялися, тому що наблизилось Царство Небесне. Він також говорить: «Бо вже до коріння дерев і сокира прикладена: кожне ж дерево, що доброго плоду не родить, буде зрубане та й в огонь буде вкинене» (вірш 10) і «У руці Своїй має Він віячку, і перечистить Свій тік: пшеницю Свою Він збере до засіків, а полову попалить ув огні невгасимім» (вірш 12).

Фермер сіє, обробляє і збирає плоди. Потім він збирає зерно у комору і відкидає полову. Так само робить Бог. Бог обробляє людей і веде до вічного життя Своїх справжніх дітей, які живуть в істині. Якщо вони тримаються за світ і залишаються грішниками, Він змушений залишити їх, щоб вони йшли шляхом знищення. Тому, щоб стати пшеницею і отримати спасіння, ми повинні стати праведними і з вірою йти за Ісусом Христом.

Про правду

За Божим провидінням Ісус прийшов у цей світ і помер на хресті, щоб вирішити проблему гріха людини. Однак, Він зміг подолати смерть, воскреснути і вознестись на небеса, тому що не мав первинного гріха, не мав вчинених гріхів і жив у праведності. В Євангелії від Івана 16:10 Ісус Сказав: «...А про правду, що Я до Отця Свого йду, і Мене не побачите вже...» Ці слова мають пряме значення.

Оскільки Ісус зовсім не мав гріха, Він міг виконати місію приходу у цей світ. Він не був зв'язаний смертю і воскрес. Він також постав перед Богом-Отцем, щоб здобути небеса як перший плід воскресіння. Це Він називає «праведністю». Тому, коли ми приймаємо Ісуса Христа, ми приймаємо дар Святого Духа і отримуємо право стати Божими дітьми. Через присутність Ісуса Христа ми з дітей диявола перетворюємося на святих Божих дітей, народившись згори.

Ось що означає отримати спасіння, називаючись «праведними» через віру. Не тому, що ми зробили щось, за що заслуговуємо спасіння. Ми отримуємо спасіння лише через віру і не платимо за це. Тому ми повинні завжди бути вдячними Богові і жити у праведності. Ми можемо відновити образ Бога, коли боремося з гріхом до крові і позбуваємося його, щоб змагатися за серце нашого Господа.

Чому Він судить відносно правди

Якщо ми не живемо у правді, навіть невіруючі насміхаються над нами. Віра завершена, якщо вона підкріплюється справами, а віра без справ – мертва віра (Послання Якова 2:17). Невіруючі судять і звинувачують, покладаючись на свою точку зору, говорячи: «Ти говориш, що ходиш до церкви, але досі випиваєш і палиш? Як ти можеш продовжувати грішити і називати себе при цьому послідовником Христа?!» Тому якщо ви, як віруюча людина, отримали Святого Духа, але не живете праведним життям, у такий спосіб отримуючи осудження, саме це в Біблії називається «суд відносно правди».

У такому випадку Бог докоряє і дисциплінує Свою дитину через Святого Духа, щоб вона більше не жила у гріху. Отже, чому Бог дозволяє, щоб певні випробування і труднощі приходили у сім'ї деяких людей, на роботу, у бізнес або до них самих? Щоб підштовхнути їх жити праведно. Крім того, оскільки ворог, диявол і сатана, звинувачує їх, Бог змушений дозволити відбуватися випробуванням відповідно до духовного закону.

Книжники і фарисеї були впевнені, що живуть у праведності, тому що вони вважали, що знають Закон дуже добре і суворо дотримуються його. Але Ісус говорить нам, що доки наша праведність не перевершить праведність книжників і фарисеїв, ми не увійдемо до Небесного Царства (Євангеліє від Матвія 5:20). Якщо ми лише промовляємо: «Господи! Господи!», це не обов'язково означає, що ми маємо спасіння. Щоб отримати небеса, ми повинні повірити в Господа від щирого серця, позбутися своїх гріхів і бути посеред праведності.

«Жити у праведності» означає не лише слухати Боже Слово і тримати його у своєму розумі як прості знання. Це означає стати праведною людиною, повіривши всім серцем і діючи відповідно до Його Слова. Лише уявіть, як було б, якби небеса були переповнені шахраями, розбійниками, брехунами, тими, хто порушує подружню вірність, ревнивцями та іншими. Бог обробляє людей не для того, щоб взяти на небеса полову! Мета Бога – принести пшеницю, праведних людей, на небеса.

Про суд

В Євангелії від Івана 16:11 написано: «...А про суд, що засуджений князь цього світу». Тут «князь цього світу» -- це ворог, диявол і сатана. Ісус прийшов у цей світ внаслідок гріхів людства. Він завершив справу праведності, залишивши для нас заключний суд. Але ми також можемо сказати, що кінцевий суд вже здійснився, тому що лише через віру в Ісуса

Христа людина може отримати прощення гріхів і спасіння.

Люди, які не вірять, зрештою потраплять до пекла, тож вони вже отримали суд над собою. Тому в Євангелії від Івана 3:18-19 написано: «Хто вірує в Нього, не буде засуджений; хто ж не вірує, той вже засуджений, що не повірив в Ім'я Однородженого Сина Божого. Суд же такий, що світло на світ прибуло, люди ж темряву більш полюбили, як світло, лихі бо були їхні вчинки!»

Тоді що ми можемо зробити, щоб уникнути суду? Бог сказав нам бути урівноваженими, чинити правду і перестати грішити (1 Послання до коринтян 15:34). Він також сказав, щоб ми стереглися лихого в усякому вигляді (1 Послання до солунян 5:22). Щоб чинити правду в очах Бога, ми повинні напевно позбутися зовнішніх гріхів, але ми також повинні позбутися навіть найменшого зла.

Якщо ми ненавидимо зло і вирішуємо залишатися у правді, ми можемо позбутися своїх гріхів. Ви можете запитати: «Дуже важко позбутися навіть одного гріха; як я можу позбутися всіх своїх гріхів?» Подумайте таким чином. Якщо ви намагаєтесь вирвати коріння дерева по одному корінцю, це дуже важко. А якщо ви вирвете головний корінь, всі інші корінчики вирвуться автоматично. Так само, якщо ви зосереджуєтеся на тому, щоб позбутися спочатку найважчого гріха, через піст і палку молитву, ви можете викорінити також інші гріховні якості разом з тим великим гріхом.

Всередині серця людини живуть пожадливість тілесна, пожадливість очам і пиха життєва. Це види гріха, які походять від ворога-диявола. Тому людина не може позбутися цих гріхів за допомогою власної сили. Тому Святий Дух допомагає тим, хто докладає зусиль, щоб стати освяченою людиною і молитися. Оскільки Богові подобаються зусилля людей, Він дарує таким людям благодать і силу. Коли ці чотири якості – благодать і сила від Бога згори, ваші зусилля і допомога Святого Духу – поєднуються, тоді ми напевно можемо позбутися своїх гріхів.

Щоб цей процес відбувся, ми спершу повинні позбутися пожадливості очам. Якщо існує якась неправда, нам корисніше не бачити того, не чути або навіть не перебувати поруч. Давайте припустимо, що підліток побачив щось непристойне у відео або по телебаченню. Тоді через пожадливість очам серце збуджується, стимулюючи у серці бажання тіла. Це спонукає підлітка вигадувати лихі плани, а коли ці плани стають вчинками, можуть трапитися будь-які проблеми. Тому дуже важливо, щоб всі ми виключили для себе можливість розвинутися пожадливості очам.

В Євангелії від Матвія 5:48 написано: «Отож, будьте досконалі, як досконалий Отець ваш Небесний!» У 1 Посланні Петра 1:16 Бог говорить: «Будьте святі, Я бо святий!» Дехто може запитати: «Як людина може стати бездоганною і святою як Бог?» Бог бажає, щоб ми були святими і бездоганними. Так, ми не можемо досягти цього своїми власними силами. Але саме тому Ісус взяв на Себе хрест, саме тому Святий Дух, Помічник, допомагає нам. Якщо людина лише говорить, що прийняла Ісуса Христа і покликує до Нього: «Господи! Господи!», це не означає, що вона потрапить на небеса. Вона повинна позбутися своїх гріхів і жити життям праведності, щоб уникнути суду і потрапити на небеса.

Святий Дух засуджує цей світ

Тож чому Святий Дух судить світ відносно гріха, правди и суду? Тому що світ повний зла. Так само, коли ми щось плануємо, ми знаємо, що для всього існує початок і кінець. Якщо подивитися на різні ознаки, які відбуваються у світі у наші часи, ми можемо зрозуміти, що кінець близько.

Бог-Творець стежить за історією людства, маючи простий план щодо початку і кінця. Якщо подивитися на лінію розповіді в Біблії, ми побачимо, що існує чітка відмінність між добром і злом, і є чітке пояснення, що гріх приводить до смерті, а праведність приводить до вічного життя. Тих, хто вірить в Бога, Бог благословляє і перебуває поряд з ними. Але люди, які не вірять у Нього, зрештою піддаються суду і йдуть шляхом смерті. Божий суд на них віддавна не бариться (2 Послання Петра 2:3).

Подібно великому потопу за часів Ноя і знищенню Содому і Гоморри за часів Авраама, коли нечестя людей досягло межі, одразу прийшов Божий суд. Щоб визволити народ Ізраїлю з Єгипту, Бог послав десять кар на Єгипет. То був суд над фараоном за його гордовитість.

Приблизно дві тисячі років тому, коли Помпеї стали розбещеними надмірними збоченнями і моральним занепадом, Бог знищив місто за допомогою стихійного лиха – виверженням вулкану. Якщо ви прийдете у Помпеї сьогодні, то побачите, що місто, яке було вкрите вулканічним попелом, збереглося у такому стані, коли було знищено, і з першого погляду можна побачити, яким розбещеним було те місто у той час.

У Новому Заповіті Ісус також докоряв лицемірним

книжникам і фарисеям, повторивши «Горе вам» сім разів. Щоб цей світ не був осуджений і не потрапив у пекло, світ необхідно засуджувати і докоряти.

У 24 главі Євангелія від Матвія учні просять Господа розповісти про ознаки Його приходу і ознаки приходу кінця світу. Ісус докладно пояснив їм, сказавши, що прийде безпрецедентне велике горе. Бог не відкриє двері небес, щоб вилити воду або вогонь, як Він робив у минулому, але Він буде судити відповідно до певного часу.

У Книзі Об'явлення є пророцтво про те, що зявиться зброя відповідно існуючого стану речей, і буде велике знищення від неймовірної великомасштабної війни. Тепер, коли Божий план щодо зрощення людства завершується, відбудеться великий суд. І коли той день настане, відбудеться суд: чи буде кожен з нас вічно жити у пеклі, або на небесах. Отже, як ми повинні жити тепер?

Позбудьтесь гріха і живіть праведним життям

Щоб уникнути суду, ми повинні позбутися своїх гріхів і жити у праведності. І ще важливіше, щоб кожна людина орала своє серце за допомогою Божого Слова, так само, як фермер оре поле. Ми повинні зорати землю край дороги, камянистий ґрунт, землю, що заросла терном, перетворивши ці ділянки у добру, родючу землю.

Але інколи ми дивуємося: «Чому Бог залишає у спокої невіруючих, однак, дозволяє, щоб зі мною, віруючою людиною, відбувались труднощі?» Це тому, що так само, як букет квітів без коріння зовні виглядає прекрасно, але насправді не має життя, невіруючі вже осуджені і потраплять до пекла, тому їх не треба карати.

Бог карає нас, тому що ми – Його справжні, а не незаконні діти. Тому ми повинні бути вдячними за таке виховання (Послання до євреїв 12:7-13). Так само, як батьки карають своїх дітей, тому що люблять їх, і хочуть наставити їх на правильний шлях, навіть якщо це означає за необхідності використати лозину, тому що ми – Божі діти, Бог буде дозволяти певним труднощам відбутися з нами, щоб привести нас до спасіння.

У Книзі Екклезіяста 12:13-14 написано: «А понад те, сину мій, будь обережний: складати багато книжок не буде кінця, а багато навчатися мука для тіла! Підсумок усього почутого: Бога бійся, й чини Його заповіді, бо належить це кожній людині!» Жити праведно означає виконувати обов'язок людини у своєму житті. Оскільки Боже Слово наказує нам молитися, ми повинні молитися. Оскільки Він говорить, щоб ми святили День Господній, ми повинні святити його. І коли Він говорить нам не судити, ми не повинні судити. Таким чином, якщо ми виконуємо Його Слово і будемо діяти відповідно, ми отримаємо життя і будемо йти шляхом до вічного життя.

Отже, сподіваюся, що ви закарбуєте всі ці слова у своєму серці, щоб стати пшеницею, яка дає духовну любов, яка описана у 13 главі 1 Послання до коринтян, девять плодів Святого Духу (Послання до галатів 5:22-23), і благословення заповідей блаженства (Євангеліє від Матвія 5:3-12). В ім'я Господа я молюся про те, щоб таким чином ви не просто отримали спасіння, але також стали Божими дітьми, які сяють, наче сонце, у Небесному Царстві.

Автор
доктор Джерок Лі

Доктор Джерок Лі народився у 1943 році у Муані, провінція Джеоннам, Республіка Корея. До тридцяти років на протязі семи років доктор Лі страждав від невиліковних хвороб і мав померти, не маючи надії на одужання. Одного дня навесні 1974 року його сестра привела його до церкви. І коли він став на коліна і помолився Богові, Бог зцілив його від усіх хвороб.

З того моменту, коли доктор Лі пізнав живого Бога через такий чудовий випадок, він щиро полюбив Бога усім серцем. А у 1978 році Бог покликав його на служіння. Джерок Лі палко молився про те, щоб ясно зрозуміти волю Бога, повністю виконати її і бути покірним Божому Слову. У 1982 році він заснував Центральну Церкву Манмін у Сеулі, Корея, де почали відбуватися численні зцілення і дива.

У 1986 році доктор Лі отримав духовний сан пастора Щорічної асамблеї християнської церкви Сункюл, Корея. А через чотири роки, у 1990 році, його проповіді почали транслюватися в Австралії, Росії і на Філіппінах. Через деякий час ще більше країн отримали змогу чути радіопрограми завдяки роботі Радіотрансляційної кампанії Далекого Сходу, Широкомовної станції Азії та Християнського радіо мережі Вашингтон.

Через три роки, у 1993 році, журнал «Християнський світ» (США) оголосив Центральну Церкву Манмін однією з «50 найбільших церков світу». Доктор Лі отримав почесний ступінь доктора богослов'я у Коледжі Християнської віри, Флоріда, США, а у 1996 році – ступінь доктора духовництва у Теологічній семінарії Кінгсвей, Айова, США.

З 1993 року доктор Лі керує всесвітньою місією, проводить багато кампаній у Танзанії, Аргентині, Латинській Америці, місті Балтимор, на Гаваях, у місті Нью-Йорк (США), в Уганді, Японії, Пакистані, Кенії, на Філіппінах, у Гондурасі, Індії, Росії, Німеччині, Перу, Демократичній Республіці Конго, Ізраїлі та Естонії.

У 2002 році найбільші християнські газети Кореї назвали Джерок Лі «Всесвітнім діячем духовного відродження» за його роботу у багатьох великих об'єднаних кампаніях, що проводилися за кордоном. Особливо його «Кампанія Нью-Йорк 2006», яка проводилася у Медісон Сквер Гарден, найвідомішій у світі арені, транслювалася для 220 країн світу. Під час «Ізраїльської об'єднаної кампанії 2009», яка проводилася у Міжнародному Центрі Конвенцій в Єрусалимі, доктор Лі сміливо проголосив Ісуса Христа Месією і Спасителем.

Його проповіді транслюються у 176 країнах світу через супутники, у тому числі телебачення ВХМ. Також доктор Джерок Лі потрапив у десятку найвпливовіших християнських лідерів 2009 і 2010 років за версією найпопулярнішого російського журналу «Ін Вікторі» та інформагентства «Крістіан Телеграф» за його потужне телевізійне служіння і пасторське служіння за кордоном.

З грудня 2016 року Центральна Церква Манмін налічує більше 120 000 членів. Вона має 11 000 церков-філій в усьому світі, у тому числі 56 домашніх церков-філій, також відправила більше 102 місіонера у 23 країни світу, у тому числі США, Росію, Німеччину, Канаду, Японію, Китай, Францію, Індію, Кенію та багато інших.

На момент виходу цієї книжки доктор Лі написав 105 книжок, серед яких є бестселери: «Відчути вічне життя до смерті», «Моє життя, моя віра І і ІІ», «Слово про хрест», «Міра віри», «Небеса І і ІІ», «Пекло», «Пробудження Ізраїлю» і «Сила Бога». Його роботи були перекладені більш ніж на 76 мов світу.

Його християнські статті друкуються на шпальтах видань: «Ганкук Ілбо», «ЖдунАн Дейлі», «Чосун Ілбо», «Дон-А Ілбо», «Ганкіорег Шінмун», «Сеул Шінмун», «Кунгуан Шінмун», «Щоденна економічна газета Кореї», «Вісник Кореї», «Шіса Ньюс» та «Християнська газета».

Доктор Лі є головою багатьох місіонерських організацій та об'єднань. Він – голова Об'єднаної церкви святості Ісуса Христа; президент Всесвітньої Місії Манмін; незмінний президент Асоціації всесвітньої місії християнського відродження; засновник і голова правління Всесвітньої християнської мережі (ВХМ); засновник і голова Всесвітньої мережі християн-лікарів (ВМХЛ); засновник і голова правління Міжнародної семінарії Манмін (МСМ).

Інші важливі книги автора

Небеса I і II

Детальна розповідь про розкішне оточення, в якому житимуть небесні мешканці, а також прекрасний опис різних рівнів небесних царств.

Моє Життя, Моя Віра I і II

Автобіографія доктора Джерок Лі дозволяє читачам відчути найприємніший духовний аромат, розповідаючи про життя, що цвіте надмірною любов'ю до Бога посеред чорних хвиль, холодного ярма і найглибшого розпачу.

Відчути Вічне Життя до Смерті

Автобіографія-свідоцтво доктора Джерок Лі, який народився знову, уникнув долини смерті і живе зразковим християнським життям.

Міра Віри

Які оселі, вінці та нагороди приготовані для вас на небесах? Ця книга додасть вам мудрості і скерує вас, щоби ви виміряли свою віру, розвивали і вдосконалювали її.

Пекло

Відкрите послання Бога всьому людству. Він бажає, щоби жодна людина не потрапила у пекло. Ви дізнаєтеся про досі невідомі думки щодо жорстокої дійсності Гадесу та пекла.

www.urimbooks.com

www.ingramcontent.com/pod-product-compliance
Lightning Source LLC
LaVergne TN
LVHW012013060526
838201LV00061B/4289